宋亚平 主编

湖北农业农村改革开放40年丛书
1978-2018

改革开放40年
湖北农业发展

GAIGE KAIFANG 40 NIAN:
HUBEI NONGYEFAZHAN

马文杰 冯中朝○编著

中国社会科学出版社

图书在版编目（CIP）数据

改革开放 40 年：湖北农业发展 / 马文杰，冯中朝编著 .
—北京：中国社会科学出版社，2018.12
（湖北农业农村改革开放 40 年（1978 – 2018）丛书 /
宋亚平主编）
ISBN 978 – 7 – 5203 – 3362 – 7

Ⅰ.①改… Ⅱ.①马…②冯… Ⅲ.①农业发展—研究—
湖北 Ⅳ.①F327.63

中国版本图书馆 CIP 数据核字（2018）第 243732 号

出 版 人	赵剑英
责任编辑	赵 丽
责任校对	郝阳洋
责任印制	王 超

出 版	中国社会科学出版社
社 址	北京鼓楼西大街甲 158 号
邮 编	100720
网 址	http://www.csspw.cn
发 行 部	010 – 84083685
门 市 部	010 – 84029450
经 销	新华书店及其他书店

印 刷	北京明恒达印务有限公司
装 订	廊坊市广阳区广增装订厂
版 次	2018 年 12 月第 1 版
印 次	2018 年 12 月第 1 次印刷

开 本	710 × 1000 1/16
印 张	10.5
字 数	181 千字
定 价	49.00 元

湖北农业农村改革开放 40 年
（1978—2018）丛书

编 委 会（按姓氏笔画为序）

孔祥智　杨述明　肖伏清　宋洪远　邹进泰

张忠家　张晓山　陈池波　郑凤田　项继权

赵凌云　贺雪峰　袁北星　党国英　钱远坤

徐 勇　徐祥临　覃道明　潘 维　魏后凯

主　编　宋亚平

学术秘书　王金华

序

　　2018 年是中国改革开放 40 周年。40 年前，党的十一届三中全会作出了把全党工作的重点转移到社会主义现代化建设上来，实行改革开放的伟大决策。40 年来，我国农村一直昂首阔步地站在改革前列，承载着重大的历史使命。农业农村持续 40 年的变革和实践，激发了亿万农民群众的创新活力，带来了我国农村翻天覆地的巨大变化，为我国改革开放和社会主义现代化建设作出了重大贡献。

　　湖北是全国重要的农业大省，资源丰富，自古就有"湖广熟、天下足"之美誉。改革开放 40 年来，在党中央、国务院的正确领导下，历届湖北省委、省政府高度重视"三农"工作，始终把"三农"工作放在重中之重的位置，坚定不移深化农村改革，坚定不移加快农村发展，坚定不移维护农村和谐稳定，带领全省人民发扬改革创新精神，不断开拓进取、大胆实践、求真务实、砥砺奋进，围绕"推进农业强省建设，加快推进农业农村现代化"，作出了不懈探索与实践，取得了令人瞩目的成就。特别是党的十八大以来，农业农村发展更是取得了历史性的成就。

　　2017 年，湖北粮食再获丰收，属历史第三高产年，粮食总产连续五年稳定在 500 亿斤以上，为保障国家粮食安全作出了积极贡献。农村常住居民人均可支配收入达到 13812 元，高于全国平均水平。城乡居民收入差距比 2.31∶1，明显低于全国的 2.71∶1。全省村村通电话、有线电视、宽带比例分别达到 100%、90%、95.5%。全省农村公路总里程达到 23.6 万公里。从无到有、从有到好，公办幼儿园实现乡镇全覆盖，义务教育"两免一补"政策实现城乡全覆盖，社会保障制度实现了由主要面向城市、面向职工，扩大到城乡、覆盖到全民。2012—2017 年，全省 541.7 万人摘掉贫困帽子。

知史以明鉴,查古以知今。回顾过去 40 年湖北农业农村发展之所以能取得如此巨大的成就,最根本的是始终坚持了一面旗帜、一条道路,不断解放思想、实事求是、与时俱进,把中央各项大政方针和湖北的具体实际紧密结合起来,创造性开展各项"三农"工作的结果。改革开放 40 周年之际,《湖北农业农村改革开放 40 年(1978—2018)》这套丛书的编写出版,所形成的研究成果是对改革开放 40 年来湖北农业农村工作的全面展示。其从理论与实践相结合的高度,全景式展示了湖北农业农村发展所取得的辉煌成就与宝贵经验,真实客观记述了湖北农业农村改革开放 40 年走过的波澜壮阔的历程,深入分析了改革开放实践中出现的新问题、新情况,而且在一定的理论高度上进行了科学的概括和提炼,对今后湖北农业农村的改革和发展进行了前瞻性、战略性展望,并提出一些有益思路和政策建议,这对深入贯彻党的十八大、十九大精神,进一步深化农业农村改革,在新的起点开创农业农村发展新局面,谱写乡村振兴新篇章,朝着"建成支点、走在前列"的奋斗目标不断迈进,更加奋发有为地推进湖北省改革开放和社会主义现代化建设,都有着积极的作用。

作为长期关注农业农村问题,从事社会科学研究的学者,我认为这套丛书的编写出版很有意义,是一件值得庆贺的事。寄望这套丛书的编写出版能为湖北省各级决策者科学决策、精准施策,指导农业农村工作提供有益帮助,为广大理论与实践工作者共商荆楚"三农"发展大计,推动湖北农业全面升级、农村全面进步、农民全面发展提供借鉴。

李国林

2018.9.12

湖北农业农村改革开放 40 年
（1978—2018）丛书简介

    2016 年 8 月，经由当时分管农业的湖北省人民政府副省长任振鹤同志建议，湖北省委、省政府主要领导给湖北省社会科学院下达了组织湖北省"三农"学界力量，系统回顾和深入研究"湖北农业农村改革开放40 年（1978—2018）"的重大任务，以向湖北省改革开放 40 年献上一份厚礼。

    根据任务要求，湖北省社会科学院组织由张晓山、徐勇等全国"三农"著名专家组成的编委会，经过精心构思，确定了包括总论（光辉历程）、农业发展、农村社会治理、农民群体、城乡一体、公共服务、集体经济、土地制度、财税金融、扶贫攻坚、小康评估在内的 11 个专题，共同构成本丛书的主要内容。丛书作者分别来自湖北省社会科学院、武汉大学、华中科技大学、华中师范大学、华中农业大学、中南财经政法大学、湖北经济学院等高等院校。

    本丛书立足现实、回望历史、展望未来，系统地回顾和总结了改革开放以来湖北省农业农村改革、创新与发展的历程，取得的成就、经验以及存在的不足，并从理论和实践相结合的高度，提出一系列切合湖北实际，具有前瞻性、指导性和可操作性的对策建议。所形成的研究成果兼具文献珍藏价值、学术价值和应用价值，是一幅全景展示湖北省农业农村改革 40 年光辉历程、伟大成就、宝贵经验的珍贵历史画卷。

目　　录

导　　论

第一节　研究背景与意义

40 年前，在安徽的小岗村，村民严宏昌冒着极大的风险，同 17 位村民一起，签了承包土地的生死状，揭开了中国农村改革、农业发展的新篇章。40 年来，中国农业农村发生了巨大而深刻的变化，农民人均收入不断提高，农业综合生产能力不断加强，农产品流通不断放活，农村经济发展繁荣，究其原因，是党中央积极领导农村改革不断深化的结果，同时也是基层农民艰苦奋斗不懈拼搏的结果。

回顾改革开放 40 年，我国农村改革和农业发展取得世人瞩目的成就。湖北是中国的一个缩影，湖北农村在 40 年的改革进程中也取得了巨大的成就。湖北省 2015 年粮食总产量 2703.28 万吨，是 1978 年 1725.5 万吨的 1.58 倍，年均增长 1.2%；2015 年农林牧渔业总产值 5728.56 亿元，是 1978 年 84.46 亿元的 67.83 倍，年均增长 11.7%；2015 年农民人均纯收入 11844 元，是 1978 年 110.52 元的 107.16 倍，年均增长 13.1%。

2017 年 12 月 28 日至 29 日，中央农村工作会议在北京举行。会议深入贯彻党的十九大精神、习近平新时代中国特色社会主义思想，全面分析"三农"工作面临的形势和任务，研究实施乡村振兴战略。2018 年 2 月 4 日，题为"中共中央、国务院关于实施乡村振兴战略的意见"的 2018 年中央"一号文件"发布，对实施乡村振兴战略进行了全面部署。文件指出，实施乡村振兴战略，是解决人民日益增长的美好生活需要和不平衡不充分的发展之间矛盾的必然要求，是实现"两个一百年"奋斗目标的必然要求，是实现全体人民共同富裕的必然要求。

2018 年，是改革开放 40 年，是实施乡村振兴战略肇始之年。乡村振兴战略是党的十九大做出的重大决策部署，是决胜全面建成小康社会、全面建设社会主义现代化国家的重大历史任务，是新时代"三农"工作的总抓手。因此，值此改革开放 40 年之际，重温改革开放 40 年湖北省农业发展历程和农业发展的伟大成就，探寻湖北省农业的内在增长机制与发展逻辑，直面湖北省未来农业发展的新问题、新挑战，积极构建与选择湖北省未来农业发展的新业态、新模式，这对于湖北省坚持农业供给侧改革、实施乡村振兴战略与发展现代农业具有重大的理论意义与现实意义。

第二节　研究范围及研究内容

一　研究范围

（一）产业范围

农业是指国民经济中一个重要产业部门，是以土地资源为生产对象的部门，它是通过培育动植物产品从而生产食品及工业原料的产业。农业属于第一产业，包括种植业、林业、畜牧业、副业、渔业五种产业。利用土地资源进行种植生产的部门是种植业；利用土地资源培育采伐林木的部门是林业；利用土地资源培育或者直接利用草地发展畜牧的是畜牧业；对这些产品进行小规模加工或者制作的是副业；利用土地上水域空间进行水产养殖的是水产业，又叫渔业。它们都是农业的有机组成部分。

广义的农业是指包括种植业、林业、畜牧业、副业、渔业五种产业形式；狭义的农业是指种植业，包括生产粮食作物、经济作物、饲料作物和绿肥等农作物的生产活动。

本书所指农业采用广义的农业概念，即包括种植业、林业、畜牧业、副业、渔业五种产业。

（二）时间范围

1978 年农村率先改革，以家庭承包制取代了人民公社制度，标志着改革开放的开始。所以，本书研究的时间跨度从 1978 年开始，至 2017 年结束，共 40 年。因数据所限，个别章节时间跨度至 2016 年。

二　研究内容

（一）湖北省农业的内在增长机制

关于农业的内在增长机制，国内外学者进行了卓有成效的研究。国外学者主要有三种观点：一是以格雷格、哈罗德·英尼斯、赫拉·明特等为代表的农业资源开发增长理论，强调农业资源开发，认为自然资源的不断开发是农业增长的主要源泉，耕地和牧场的扩大是增加农业生产的主要途径；二是以速水佑次郎和弗农·拉坦为代表的农业诱导增长理论[①]，运用农业总量生产函数计算分析了世界范围内的农业发展，强调劳动、土地、牲畜、化肥、机械、普通教育和技术教育对农业经济增长的影响；三是以舒尔茨为代表的农业增长的高产出—投入模型[②]，认为不同地区农业生产率差异主要是因为农业投资的差异，强调通过科学研究和教育方面的投资加速农业发展。

关于中国农业的内在增长机制，概括起来主要有以下三种观点：一是认为家庭联产承包责任制的制度创新提高了农民的劳动积极性，解放了被压抑的农业生产力，即将农业经济增长归因于劳动力对农业收益的贡献，劳动力因素是农业经济增长的关键[③]。二是认为农业经济持久增长的原因是全要素生产率（TFP）[④] 的提高，主要得益于非农部门生产率的提高，即非农部门生产率的提高促进了农业生产中各要素生产率的提高，农业经济增长的贡献来源于飞速发展的非农产业。三是认为农业经济增长源于农业劳动力的不断移出，是二元经济结构转换的结果。这表明农业经济增长的关联性，凸显二元经济结构转换的重要性，既承认非农部门生产率提高对农业经济增长的贡献，又强调了农业生产部门对非农部

---

① 速水佑次郎、弗农·拉坦：《农业发展：国际前景》，商务印书馆 2014 年版，第三章。

② 西奥多·舒尔茨：《改造传统农业》，商务印书馆 2006 年版，第五章。

③ 林毅夫：《中国农业：当前的问题与对策》，《市场经济导报》1995 年第 11 期；姚洋：《发达地区村庄劳动力市场的整合》，《中国农村观察》2001 年第 2 期；黄少安：《中国土地产权制度对农业经济增长的影响——对 1949—1978 年中国大陆农业生产效率的实证分析》，《中国社会科学》2005 年第 3 期。

④ 全要素生产率：指生产单位（主要为企业）作为系统中的各个要素的综合生产率，以区别于要素生产率（如技术生产率）。

门经济增长的反作用,强调二者是一个有机整体①。

归纳起来,尽管各个学者从不同的侧面对农业发展的内在机制进行了阐述,但邓小平同志关于农业发展"一靠政策,二靠科技,三靠投入"是其良好的概括。② 当然,农业产业结构、环境压力等因素也影响着农业的发展,只是其重要性相比于政策、科技、投入这三大因素稍逊一些。因此,本书对于湖北农业发展的内在增长机制聚焦于政策、科技、投入、结构四大因素,其他因素亦略做阐述。

(二) 章节框架

明晰湖北省农业的内在增长机制后,本书沿着历程回顾—发展成就—内在增长机制—经验总结—国内外借鉴—未来展望的思路展开,共分 8 章。

第一章,湖北省农业发展历程回顾。农业发展是连续的,但为了研究的方便,本章主要根据农业政策的变化节点对湖北农业发展进行阶段性划分,并从农业总产值、农业产量、农业政策变化三个指标对各个阶段进行描述与总结,为后续农业发展阶段特征的界定提供依据。

第二章,湖北省农业发展成就。湖北农业经过 40 年的发展,取得了巨大的成就。本章从农业生产、社会化服务体系、农产品加工、农业市场调控四个方面对湖北省农业发展成就进行归纳与总结。

第三、四、五、六章转向湖北省农业的内在增长机制研究。第三章,农业要素投入与湖北省农业发展。农业发展,要素投入具有基础地位。本章选取劳动力、土地、资本三大要素,并选择合适的表征指标,研究要素投入对于湖北省农业发展的贡献,并提出优化生产要素配置、促进湖北农业发展的政策建议。

第四章,科技进步与湖北农业发展。农业发展的根本途径是技术进步。本章采用 1980—2016 年湖北农业数据,运用索洛余值法测算湖北农业的技术进步与技术进步贡献率,并提出大力发展农业科技、促进湖北

---

① 李扬、殷剑峰:《劳动力转移过程中的高储蓄、高投资和中国经济增长》,《经济研究》2005 年第 2 期;陈宗胜、黎德福:《改革以来中国经济是否存在快速的效率改进》,《经济学(季刊)》2006 年第 1 期。

② 《邓小平文选》第三卷,人民出版社 1993 年版,第 17 页。

农业发展的政策建议。

第五章，农业制度与湖北农业发展。制度是农业发展的保障，对农业发展具有重要的意义。本章运用 Pearson 相关系数分析和多元回归分析，研究制度对于湖北农业发展的影响与作用，并提出完善农业制度、促进湖北农业发展的政策建议。

第六章，农业产业结构与湖北农业发展。农业产业结构既是农业发展的结果，也是农业发展的重要动力，具有双重性。本章从农业产业间、产业内两个层面研究湖北省农业产业结构和农业发展的关系，并提出优化产业结构、促进湖北农业发展的政策建议。

第七章，湖北省农业发展面临的挑战。本章主要从国际竞争、国内竞争、自身资源约束阐述湖北省农业发展面临的挑战，是未来湖北省从传统农业转向现代农业发展的基础与依据。

第八章，湖北省未来农业发展之路——现代农业。现代农业，是湖北省未来农业发展的必由之路。本章主要阐述湖北省现代农业发展的可行性与紧迫性、湖北省现代农业发展战略、湖北省现代农业发展的国外经验与国内案例。

第 一 章

湖北省农业发展历程回顾

1978 年是中国改革开放伟大事业的开端，也是农业发展的开始。40 年来，党中央和政府围绕农业、农村、农民三大问题出台了一系列重要的政策性文件，尤其是在改革初期的 1982—1986 年的 5 个中央"一号文件"和 2004—2018 年 15 年共 20 个中央"一号文件"，一直是我国农业农村发展的导向性纲领。改革开放 40 年来，湖北历届省委、省政府认真贯彻落实中央文件精神，坚持把"三农"工作作为重中之重，不断改革创新，扎实工作，推动了农业发展、农村繁荣和农民富裕。

如今，站在新的历史起点上回顾湖北省改革开放 40 年的巨大变化，展望新时期的光明前景，对于做好湖北省的"三农"工作具有重要意义。

第一节 1978—1993 年

1978—1993 年，农业市场化改革时期。这一时期，大致可以分为两个阶段：1978—1985 年，建立以家庭联产承包为核心的农业生产责任制，放开农产品市场，极大地调动了农民的积极性，农业生产和农村经济迅猛发展。1986—1993 年，新旧体制的胶着、摩擦，从自然半自然的计划经济向市场经济迈进的拉锯阶段。

一 农业总产值变化

1978—1993 年，是湖北省农业改革开放的头十五年，是湖北农业快速发展时期。1978 是改革开放的首年，在经历了"文化大革命"的动荡后，湖北省农林牧渔业产值有所下降，1978 年湖北省全年农林牧渔业总产值仅为 84.46 亿元。1978 年后，随着改革开放的步伐不断加快，家庭联产承包责任制在湖北省快速推广，极大地解放了湖北省的农业生产力，有效推动了湖北省农林牧渔业的快速发展，各产业生产总值不断提升。经过 15 年的快速发展，1993 年湖北省农业产值达到 302 亿元，较 1980 年的 64.7 亿元增加了 3.66 倍；湖北省农林牧渔业总产值在 1993 年突破 500 亿元大关，较 1978 年的产值增长了 4.91 倍之多。

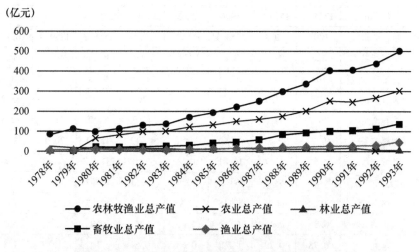

图1—1 湖北省农业内部各产业产值增长曲线

二 农产品产量变化

这 15 年间，农作物总产量从 1978 年 1725.5 万吨增加到 1993 年的 2325.7 万吨，增长 34.8%，如表 1—1。其中，稻谷、玉米和小麦为主的粮食作物个别年份虽有波动，但总体趋势保持稳定增长。油料作物中，大豆产量没有较大变化，油菜作为湖北省的主要油料作物 15 年间增长 6.31 倍。经济作物方面，棉花产量从 1978 年的 36.7 万吨到 1993 年的 42.5 万吨，增长 0.15 倍；甘蔗产量从 1978 年的 8.66 万吨增加至 1993 年的 79.49 万吨，增长 8.17 倍。畜产品方面，以湖北省肉类总产量为代表，在 1978 年至 1993 年，增加了 145.6 万吨，增长了 2.81 倍，其中猪肉产量增长最为迅速，和总产量的增长趋势一致；而牛肉和羊肉的产量份额比较小，经历了先减后增的变化趋势。在水产品方面，总产量增长最为迅速,十五年中增长了近 10 倍,其中养殖量所占份额最大,增产最快。在林业方面,湖北省发展迅速,林产品总产量自 1978 年的 65 万立方米,增长到 1993 年的 298 万立方米,增长 3.6 倍。

表1—1   湖北省主要农产品产量   (单位:万吨、万立方米)

年份 农产品	1978	1980	1982	1984	1986	1988	1990	1993
农作物总产量	1725.5	1536.5	1996	2263	2304.5	2259.4	2475	2325.7
稻谷产量	1208	1038	1353.5	1567	1623.6	1588.2	1789.6	1621.5
小麦产量	228	266.5	358	378	381.5	401.6	391.1	386.7
玉米产量	103	86	108.5	128.5	115.6	93.3	122.2	116.4
大豆产量	30	11.5	16	22	29	24.8	26.4	35.2
棉花产量	36.7	31.6	34.1	60.7	43.9	36.2	51.7	42.5
油菜产量	10.72	11.59	42.69	34.35	47.12	42.63	70.9	78.35
甘蔗产量	8.66	4.47	10.81	19.3	52.38	37.76	34.63	79.49
肉类总产量	51.7	55.4	60.2	73.9	115.1	130.7	146.9	197.3
猪肉	50.36	54.12	59.18	72.85	108.9	121.7	135.1	176.7
牛肉	0.56	0.49	0.32	0.38	0.5	0.9	1.3	3.7
羊肉	0.78	0.79	0.71	0.65	0.6	1	1.1	1.5
水产品总产量	11	13.57	17.51	28.57	46.66	61.83	70.98	101.29
捕捞量	2.02	2.86	2.63	4.62	5.11	7.67	10.57	13.47
养殖量	8.98	10.7	14.88	23.95	41.54	54.16	60.41	87.83
林产品总产量	65	90	67	97	120	73	105	298

资料来源:《中国统计年鉴2016》。

三 农业政策变化

1978—1993 年,湖北省建立以家庭联产承包为核心的农业生产责任制,放开农产品市场,极大地调动了农民的积极性,农业生产和农村经济迅猛发展。

联产承包前,湖北农村普遍实行的是"三级所有,队为基础,'几统'一分,定额管理"的"一大二公"的生产责任制,但是这种体制不适应农村生产力的发展,脱离了国情,桎梏了广大农民的积极性。1978

年12月，党的十一届三中全会召开以后，到1982年，家庭联产承包责任制在湖北农村已成势不可当之势，当时有的基层干部和农民兴奋地说："大包干，大包干，直来直去不拐弯，既省事，又简单，干部群众都喜欢。"1983年春，湖北农村普遍实行了"大包干"。包产到户的兴起，犹如石破天惊，为湖北农村带来了生机与活力。1984年全省出现历史性的突破，粮棉油等生产产量创新中国历史最高水平；第一次结束了农产品全面短缺，而出现全面富余的局面。

1985年以后，从以自然半自然经济为基础的高度集中统一的计划体制，向商品市场经济体制迈进。我国在农村的生产经营管理体制是按照计划经济的要求设计的，这一切都不适应市场经济的发展。1986年农业大丰收后开始出现农产品过剩和大幅度跌价的现象，粮食、棉花议购价格低于订购价格。农业生产开始出现波动，农产品流通的新旧体制摩擦加剧。1989—1990年，针对粮食丰收后农民出售议价粮低于订购价的状况，湖北省出台了粮食保护价政策。此时，湖北省农村经济体制，特别是流通体制在碰撞、在摩擦；同时，新体制在碰撞中发育、成长。主要表现在：

1. 农村双层经营体制和农业社会化服务体系不断建立健全。

2. 农业生产结构大幅度地调整。这一时期，广大农民开始运用价格规律、市场规律来开展生产经营活动。

3. 指导农村工作和农业生产经营的方法开始转变。湖北省委针对农村改革和发展中的新旧体制胶着、摩擦的状况，建立了若干农村专项改革试验区，采取专项试验、分散决策、分散风险、局部突破的工作方法。在湖北省委、省政府的重视下，各试验区认真设计，精心组织，大胆实践，稳健操作，各个试验项目都取得了成果。这些成果为全省农村改革探索了路子，指明了方向。

第二节　1994—2004 年

1994—2004年，以市场为引导，以效益为核心，实行贸工农、产加销、经营服务一体化的农业产业化经营时期。

一 农业总产值变化

这 11 年,是湖北省农业的快速发展时期。在经历了头 15 年的基础性发展后,1994—2004 年是湖北省农业创新发展的阶段,湖北省农林牧渔业生产总值在 2004 年达到 1695.44 亿元,较 1994 年总产值相比增长两倍之多。其中农业总产值依旧保持稳定增长,畜牧业和渔业则呈现快速发展势头。1997 年后,由于受到经营和流通体制改变的影响,农业总产值一度出现下滑趋势,但是 2000 年经过调整之后则快速增长。1994—2004 年,改革的步伐加快,农业领域的发展不断革新,推动了湖北省农业的发展再上新台阶。

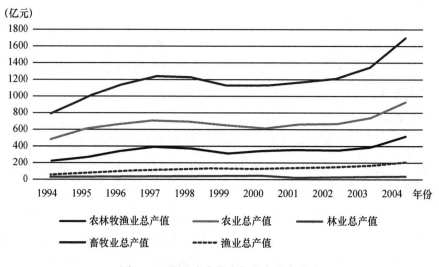

图1—2 湖北省农业内部各产业产值

二 农产品产量变化

粮食产量的变化与农业产值的变化相反,突出表现是产值增加,粮食总产量减少,个别作物产量猛增。主要粮食作物稻谷、玉米和小麦的产量均出现不同程度下滑,其中小麦最为明显,如表 1—2。相比之下,湖北省的油料作物油菜的产量突飞猛进,2004 年湖北省产出油菜 235.12 万吨,较 1994 年的产量增长 1.4 倍之多,奠定了湖北省作为中国油菜生产大省的地位。虽然湖北省粮食产量有下滑现象,但是产值却不断增长,湖北省的农业结构开始调整，经济作物在粮食生产中的比重不断增加。畜产品生产中，猪肉依旧占据较大份额，保持快速增长；其次是牛肉，产量有所提高。在水产生产中，捕捞量在1998年之后出现滑落，但总体仍处于增长状态，养殖量仍保持快速增长。湖北省林产品的生产在1998年出现大幅下滑，总体产量处于波动状态。

表1—2　　　　　　　　湖北省主要农产品产量　　（单位：万吨、万立方米）

年份 农产品	1994	1996	1998	2000	2002	2004
农作物总产量	2422.1	2484.4	2475.79	2218.49	2047	2100.12
稻谷产量	1690.2	1721.8	1633.2	1497.22	1469.79	1501.68
小麦产量	383.3	378.75	409.33	233.69	151.17	176.3
玉米产量	133.7	165.81	186.73	216.71	187.41	179.13
大豆产量	42.4	33.28	40.75	45.8	42.17	40.53
棉花产量	45	43.01	32.5	30.43	32.2593	39.543
油菜产量	98.08	134.88	154.76	198.49	151.4	235.12
甘蔗产量	64.62	85.57	110.03	101.66	91.91	46.27
肉类总产量	235.4	235.4	261.02	248.85	278.24	309.32
猪肉	205.91	189.3	202.87	193.49	218.8	240.71
牛肉	5.95	11	13.17	13.8	14.65	15.87
羊肉	2.08	1.6	2.06	3.04	4.3	5.83
水产品总产量	129.41	174.64	218.32	234.34	272.04	302.13
捕捞量	18.21	25.83	43.9	41.22	38.93	39.37
养殖量	111.2	148.81	174.42	193.12	233.11	262.75
林产品总产量	185	145	150	117	95	125.24

资料来源：《中国统计年鉴2016》。

三　农业政策变化

1994—2004年，是湖北省农业市场经济快速发展的阶段。在这11年间，湖北省农业逐渐形成了以市场为引导，以效益为核心，实行贸工农、产加销、经营服务一体化的农业产业化经营。

邓小平同志"南方谈话"和党的十四大以后，湖北省农业加快了由计划经济向市场经济转变和从传统农业向现代农业转变的速度，并且还找到了实行两个转变的有效途径,那就是农业产业化经营。本阶段,农业产业化经营已成为湖北农村工作的重头戏,农业产业化经营组织已在湖北经济中起着重要作用。

第三节　2005—2015 年

2005—2015 年,实行农业综合补贴,粮食稳步增长,工业反哺农业。

一　总产值变化

前两个阶段的改革和变化,为湖北省农业的发展奠定了一定的基础。2006 年国家取消农业税,开始实行种粮补贴,得益于国家宏观政策,湖北省农业的发展迎来黄金十年。2005—2015 年 11 年间,湖北省农林牧渔业总产值平均每年保持 22% 的增产速度快速增长,到 2015 年实现农林牧渔业总产值 5728.56 亿元。其中畜牧业增长贡献率为 25%,渔业增长贡献率为 18%,种植业增长贡献率为 46%,畜牧业和渔业是种植业之外推动湖北省农林牧渔业快速发展的关键产业。

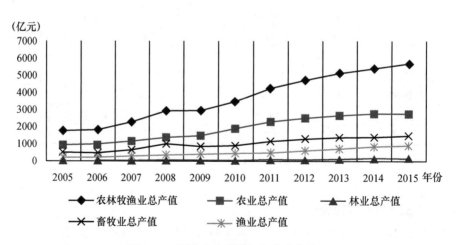

图 1—3　湖北省农业内部各产业产值

二　农产品产量变化

在湖北省农业快速发展的十年,粮食产量稳步增长。其中以稻谷、玉米和小麦为主的粮食作物逐年增长，稻谷增长量最大，玉米的增长速度最快。油料作物中的油菜产量依旧是全国前列，油菜是湖北省的主要油料作物；而大豆的产量则呈下滑状态，这与中国大量进口大豆有着一定关系。畜产品中，除了牛肉、猪肉等的快速发展，禽类也逐渐成为重要组成部分。水产品中，捕捞量自 2005 年以后开始大幅下降，而养殖量逐渐占据主导地位。得益于优越的地理条件，湖北省林产品也保持增长态势。

表1—3　　　　　　　　　　湖北省主要农产品产量　　（单位：万吨、万立方米）

年份 农产品	2005	2007	2009	2011	2013	2015
农作物总产量	2177.38	2185.44	2309.1	2388.53	2501.3	2703.28
稻谷产量	1535.32	1485.86	1591.92	1616.91	1676.63	1810.72
小麦产量	208.85	353.21	331.67	344.78	416.8	420.93
玉米产量	194.91	205.08	244.12	276.2	270.75	332.89
大豆产量	43.43	25.54	25.59	23.87	19.6	21.2
棉花产量	37.496	55.73	48.053	52.58	45.9694	29.76
油菜产量	219.15	193.3	236.51	220.39	250.47	255.19
甘蔗产量	42.9	14.9	34.43	32.49	28.72	31.99
肉类总产量	327.31	310.03	367.01	381.93	430.08	433.32
猪肉	256.34	236.94	279.9	290.54	330.6	331.45
牛肉	16.32	15.74	17.03	18.17	20.17	22.99
羊肉	6	6.09	7.84	8.02	8.22	8.81
水产品总产量	318.21	298.04	333.89	356.22	410.37	455.89
捕捞量	45.05	36.39	26.22	20.6	21.3	19.1
养殖量	273.16	261.65	307.67	335.62	389.07	436.79
林产品总产量	136	195	219	292	252	227

资料来源：《中国统计年鉴 2016》。

三　农业政策变化

2006 年国家取消农业税，实行农业综合补贴，有效地激发了湖北省农业发展的潜力。2007 年湖北省人大颁布了《湖北省农业机械化促进条例》，同年 124 家农机专业合作社应运而生。2015 年湖北省农机总动力已达到 4468.12 万千瓦，全省主要农作物耕种和收割综合机械化水平达到 69.22%。小麦、水稻两种主要农作物耕种和收割综合机械化水平分别达到 82.22% 和 82.66%，水稻机械插秧、油菜生产机械化水平在全国领先。与此同时，截至 2010 年底测土施肥已基本覆盖湖北省所有农业区县和农场，共 105 个项目单位，累计投入补贴资金 21585 万元，逐步提高了农民的施肥水平，实现了农业化肥使用结构的合理化，有效地节约农业生产成本。在这十多年间湖北省农业政策直接或间接地推动农业各领域发展，加快了湖北省农业现代化的实现。

第四节　2015 年至今

湖北省粮食总产量实现"十二年连增"后，粮食供给过剩，市场有效需求不足，农业产业结构亟待调整，湖北省农业进入供给侧改革的新阶段。

一　农业总产值变化

2015 年以来是我国农业转型发展的时期，湖北省在保持农林牧渔业总产值增长的同时，重点发展畜牧业和渔业，降低种植业比重。在 2016 年湖北省全年农林牧渔业总产值为 6278.23 亿元，其中畜牧业为 1715.18 亿元，占比 27%；渔业紧随其后，产值为 1030.1 亿元，占比 16%。

二　农业产量变化

2016 年湖北省遭遇特大洪涝灾害，但是据国家统计局 2016 年 12 月公布的数据显示，湖北省粮食总产量为 2554.2 万吨，湖北省粮食产量首次在"十二连增"后出现下降，但依然位居全国各省份粮食产量前列，全国排名第 11 位。稻谷、玉米、小麦以及油菜产量均出现不同程度下降。

三 农业政策变化

2015 年以来，是我国农业变革的时期。2015 年 12 月 24 日至 25 日，中共中央农村工作会议在北京召开，会议提出要着力加强农业供给侧结构性改革，提高农业供给体系的质量和效率，实现农业的有效供给。湖北省响应国家号召，2016 年 4 月，湖北省政府办公厅印发了《湖北省水稻产业提升计划（2016—2020 年）》，计划到 2020 年，全省水稻综合生产能力进一步提升，培育 5 个全国知名品牌和 5 个湖北优势特色稻米品牌，稻米及其精深加工产品的水平和档次明显提高，水稻产业的经济、社会和生态效益全面提升，促进粮食产业的转型升级。2016 年 10 月，湖北省政府印发了湖北省农业第十三个五年规划，明确提出：农产品供给保障能力稳步提高，农产品供给朝着优质高效的方向发展；积极调整农业产业结构，实现以市场为导向，第一产业、第二产业和第三产业融合发展的现代农业产业体系；大力培养农业科技人才，创新农业科技，培养农业人才；加速培育现代农业新型经营体系，加速农业服务体系建设；稳步推进农业资源利用与生态环境保护，提高农业资源利用率，重视农业生态环境治理。

第 二 章

湖北省农业发展成就

第一节　湖北省农业生产成就

改革开放40年来，湖北省各级政府和农业生产者，合理布局、积极调整、锐意创新、深化改革，经济取得长足发展，农业生产也取得了世人瞩目的成就。

一　农产品产量和农业总产值迅速增长

改革开放以来，湖北省农林牧渔业的产量增长迅猛，农产品种类和农产品产量均有极大提升（见表2—1）。其中，种植业统计数据选取粮食作物、棉花和油料作物作为代表，油料作物主要包含花生和油菜；畜牧业以猪牛羊出栏头数进行衡量，林业生产以主要林产品产量作为替

表2—1　　　　　　　　1980—2015年湖北省农产品产量变化

农产品种类＼年份		1980	1985	1990	1995	2000	2005	2010	2015
种植业（万吨）	粮食作物	1536.43	2216.13	2475.03	2463.84	2218.49	2177.38	2315.80	2703.28
	棉花	31.63	49.22	51.73	58.60	30.43	37.50	47.18	29.83
	油料作物	20.58	72.98	95.75	189.44	269.98	293.90	311.80	339.60
畜牧业（万头）		—	—	1805.44	3246.96	3023.96	3841.82	4459.80	5073.70
林业（吨）		—	—	68554	96654	157012	173099	368477	916721
渔业（万吨）		—	—	70.98	150.91	234.34	318.03	353.00	455.80

资料来源：《中国统计年鉴2016》。

代［包括油桐籽、乌柏籽、油茶籽、棕片、松脂、竹笋干、板栗、香菇、黑木耳、白木耳（参照《湖北统计年鉴》，2015 年删除白木耳，新增生漆、五倍子、核桃、花椒、八角）］，水产品为鱼类、虾蟹、贝类、其他类养殖和捕捞的总产量。

由统计数据可以看出，各类农产品产量都有了很大的增长。其中，粮食作物从 1980 年的 1536.43 万吨增长为 2015 年的 2703.28 万吨，增幅为 75.95%；棉花产量整体上呈现先升后降趋势，其中 1995 年达到了 58.60 万吨的最大值；油料作物从 1980 年的 20.58 万吨增长为 2015 年的 339.60 万吨，增幅达到 15 倍之多，是此期间增长幅度最大的类别，其中花生和油菜产量增幅均达到 10 倍以上；畜产品出栏量从 1990 年的 1805.44 万头增长为 2015 年的 5073.70 万头，增幅为 181.02%；林产品产量从 1980 年的 68554 吨增长为 2015 年的 916721 吨，增长了 12.37 倍；水产品的产量从 1990 年的 70.89 万吨增长为 2015 年的 455.80 万吨，增幅为 542.97%。

农产品产量的增加，有力地推动了湖北省农业产值的提高。改革的前 9 年，全省农林牧渔业总产值从 1978 年的 84.46 亿元增长到 1985 年的 192.32 亿元，增加了 1.28 倍。1985 年开始，国家逐步放开农副产品价格，市场活力得以释放，由市场决定价格更好地促进了生产的积极性，农业生产总值迅猛增加。1980 年到 2015 年的 36 年时间内，湖北省农林牧渔业总产值从 94.95 亿元增加到 5728.56 亿元，增长了 59.33 倍，如图 2—1。

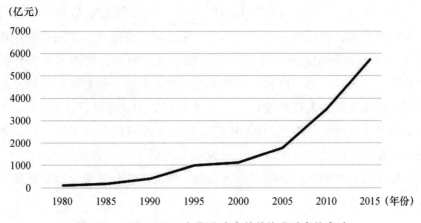

图2—1　1980—2015 年湖北省农林牧渔业总产值变动

其中,农业、畜牧业、林业和渔业总产值的变动如表2—2所示。可以看出,农业总产值从1980年的64.70亿元增长为2015年的2780.37亿元,增长了41.97倍;林业总产值从1980年的7.28亿元增长为2015年的180.60亿元,增长了23.81倍;畜牧业总产值从1980年的17.29亿元增加至2015年的1503.34亿元,增长了85.95倍;渔业总产值从1980年的1.46亿元增长至2015年的922.77亿元,增长了631.03倍。

表2—2　　　　　　1980—2015年湖北省农林牧渔业总产值变化　　　（单位:亿元）

年份	农林牧渔业总产值	农业	林业	畜牧业	渔业
1980	94.95	64.70	7.28	17.29	1.46
1985	192.32	129.61	8.15	39.08	8.18
1990	402.23	252.92	14.15	98.04	23.88
1995	988.53	612.12	28.33	268.09	79.98
2000	1125.64	615.74	40.24	338.77	130.89
2005	1775.58	932.15	37.30	545.40	236.49
2010	3501.99	1921.67	65.37	925.04	458.58
2015	5728.56	2780.37	180.60	1503.34	922.77

1980年以来,是我国改革开放的快速发展时期,全国各地经济迅速发展,农业经济作为第一产业,也在各省市得到快速发展。以"中部六省"为例,"中部六省"是我国在2004年中部崛起战略中划定的中部发展范围,包括河南省、山西省、湖北省、安徽省、湖南省和江西省。如图2—2所示,在"中部六省"的农业发展中,河南省作为传统农业区,无论是在总产值和增产速度方面均占据第一位。湖北省的总产值和增长速度与湖南省的变化趋势基本相同,湖北省总产值在2013年之前略低于湖南省,而在2013年之后略高于湖南省,处于第二位。而安徽、江西和山西在总产值和增长速度上均处于湖北省发展水平之下。相比较而言,在中部崛起的发展进程中,湖北省农林牧渔业的发展依旧处于优势状态。

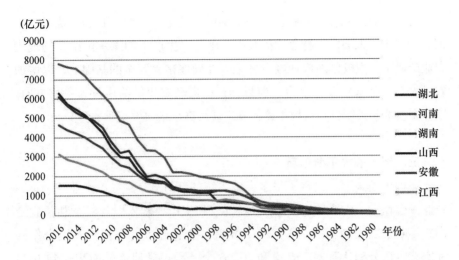

图 2—2　中部六省 1980—2016 年农林牧渔业总产值变化

资料来源：《中国统计年鉴 1980—2016》。

二　产业结构优化升级

湖北以中部崛起战略作为发展契机，在结构调整上以实施支柱产业倍增计划、千亿产业提升计划和战略性新兴产业培育工程为主要方式，在农业上有了更多的自主权和发展空间。经过 40 年的调整完善，湖北省农业区域及产业的布局也渐趋合理。自 1979 年开始施行的家庭联产承包责任制，按照包产到组、包干到户，给了农民更多的生产自主权，农业的更多功能得到了开发利用，从单一的一产业向第一产业、第二产业和第三产业综合结构转变，形成全面协调的新格局。改革开放以来，湖北农村产业结构调整经历 1979—2000 年的快速变动期，在结构上与改革开放前相比有了更多的市场元素，形成了农林牧副渔并存的格局；2000 年以来则是全面的调整与升级，不仅关注于产业规模，更加注重结构的合理性①。现阶段，通过建立政府引导、市场运作、企业为主和社会参与的方式，湖北省正在产业结构的优化升级方面不断进行着探索。在国家供给侧结构性改革的背景下，顺应新形势和新要求，中共湖北省委、省人

---

① 祝金水：《农业发展实现历史性跨越——60 年湖北农业发展成就与启示》，《政策》2009 年第 10 期。

民政府作出加快培育农业农村发展新动能的要求,按照"稳粮、优经、扩饲"的要求,大力发展特色优势农业,建设"生产+加工+科技"的现代农业产业园,积极创新农业经营体系。在确保粮食安全的基础上,以增加农民收入、保障有效供给为主要目标,以提高农业供给质量为主攻方向,以体制改革和机制创新为根本途径,实现从满足量向更高质的转变。

三 经营模式不断创新

在种植模式上,出现了很多突破传统的新方式。"订单农业""龙头企业+合作社+农户"、土地承包经营权和生产要素入股等农企利益联结模式不断发展和创新①。截至 2015 年底,全省经工商登记的农民合作社和家庭农场分别达到 60756 家和 20296 个,承包耕地流转面积达到 1633 万亩、流转率 36.1%,适度规模经营面积 908 万亩;龙头企业自建核心基地面积达到 210 万亩,养殖规模达到 817 万头、3.8 亿只。"虾稻共作""鳅稻共作"等适应于长江中下游平原,成为湖北"千湖之省"的特色产业。一方面,新增标准田、新增水利灌溉的覆盖率,在粮油生产上增加优势;另一方面,在稻鱼连作、龟鳖生态混养的模式下充分利用资源。2015 年,全省稻田综合种养面积突破 300 万亩,可产优质稻谷 150 万吨,有机水产品 30 万吨,为农民创收近百亿元。

第二节 湖北省社会化服务体系建设成就

为加快农业现代化进程,近年来湖北省下大力气进行农业社会化服务体系建设,形成了覆盖农业生产、加工、流通各个环节,包括信息、科技、金融服务等方面的现代化农业社会化服务体系,显著促进了农业发展。

一 农业科技服务加速农业机械化发展

在湖北省农业科技服务中,农机社会化服务最具代表性。湖北省农

---

① 邓腾:《湖北农业经济发展的新型农技推广服务体系研究》,《科协论坛》2017 年第 2 期。

机社会化服务体系建设开始较早，1961 年湖北省委提出建立农机管理站，
1978 年拆区并社后改为公社农机管理站。1978 年底，湖北省已有公社农
机管理站 1050 个。1989 年，农机管理机构改革，除黄石、沙市、鄂州
外，其余地市均成立农机管理局。2010 年，湖北省农机管理局达到 102
个，其工作人员 1287 人。近年来，湖北省农业机械化发展迅速，农机管
理机构数量也有较大幅度的增加，2015 年湖北省有农机管理机构 910 个，
管理工作人员 3016 人，其中科技人员 1796 人，占比 59.55%。详见表
2—3。

表 2—3　　　　　　　　湖北省农机管理及技术推广机构统计

年份	农机管理局			农机化技术推广机构		
	机构数（个）	人数（人）	其中科技人员	机构数（个）	人数（人）	其中科技人员
1989	—	—	—	63	—	—
1995	99	1866	1177	71	560	333
2000	102	1753	1122	80	760	506
2005	98	1343	911	99	918	664
2010	102	1287	718	99	983	725
2015	910	3016	1796	103	767	561

资料来源：《湖北农村统计年鉴》。2015 年统计指标为"农机化管理机构"。

　　发展农业机械社会服务组织的同时，湖北省积极开展农机技术推广
工作，为农业机械化提供了极大的支持。1989 年至 2015 年湖北省农机化
技术推广机构由 63 个增加为 103 个，增长 63.49%。2015 年农机化技术
推广机构工作人员达到 767 人，其中科技人员有 561 人，占比 73.14%。
农业机械及技术社会化服务的发展，极大地推动了湖北省农业生产机械
化程度的提高，促进了农业生产。这一方面表现为湖北省农业机械总动
力得到了极大的提高，由 1980 年的 773.08 万千瓦增长为 2015 年的
4468.12 万千瓦，增幅 477.96%；另一方面则表现为湖北省农业机械化面
积大幅度增加，1980 年至 2015 年湖北省机耕面积、机播面积和机收面积
整体均呈现上升趋势，增幅分别为 403.19%、995.23%、4796.11%，详
见表 2—4。

表2—4   改革开放以来湖北省农业机械化水平

年份	农业机械总动力 （万千瓦）	机耕面积 （千公顷）	机播面积 （千公顷）	机收面积 （千公顷）
1980	773.08	—	—	—
1985	911.58	—	—	—
1990	1099.60	1097.20	47.87	97.53
1995	1174.34	1247.00	83.38	130.95
2000	1414.02	1969.55	255.69	643.65
2005	2057.37	2015.93	233.66	1407.62
2010	3371.00	4517.14	815.61	2780.52
2015	4468.12	6004.05	2306.56	4233.67

资料来源：《湖北农村统计年鉴》。

二　互联网服务助力农业信息化发展

党的十八大以来，湖北省按照"四化同步"①的要求，紧抓"互联网＋"发展机遇，大胆探索，积极推进信息化与农业现代化的深度融合、良性互动，在推动农业信息化、探索"互联网＋现代农业"发展上取得了积极进展。

农业信息服务能力不断提升。建成了覆盖到县的农业电子政务平台、农业应急管理信息平台、智慧农业综合服务平台，合力打造了全省统一的"12316"三农综合信息服务平台，构建了以湖北农业信息网为龙头，湖北智慧农村网、行业门户网等农业专网为骨干的农业信息网站群和市、县农业网络平台。

农业信息服务体系不断完善。依托乡村信息员、农技员、新型农业生产经营主体等，打造了乡镇益农信息社，探索信息进村入户服务新模式，形成了省—市—县—乡—村"五级联动"的信息服务体系，组建了1650人的省、市、县、乡四级农业信息服务专家队伍②。

---

① "四化同步"：坚持走中国特色新型工业化、信息化、城镇化、农业现代化道路，推动信息化和工业化深度融合、工业化和城镇化良性互动、城镇化和农业现代化相互协调，促进工业化、信息化、城镇化、农业现代化同步发展。

② 《湖北省农业信息化发展"十三五"规划》，2017年11月。

农业信息技术应用领域不断拓展。物联网技术在全省大田种植、设施园艺、畜禽水产养殖、农产品流通及质量安全追溯等领域的应用日益深入，武汉市、宜昌市、襄阳市、荆门市等已投资近 3000 万元，实施物联网应用示范项目。推动了卫星遥感估产在农情会商中的探索应用，开展了北斗导航在农机中的应用。

农业电子商务突破性发展。据农业部门统计，2015 年湖北省农产品网上零售额（不包括批发）86 亿元，各市、州、县地方馆也纷纷入驻淘宝或京东等，宜昌淘宝馆入驻平台的企业近 600 家，日交易额近 100 万元，带动全市农产品电子商务交易额超过 20 亿元。

三 金融服务推动农业现代化发展

2015 年湖北省经过 5 年的努力，全省各地市州在完善农村金融基础设施、提升县域信贷投入水平、推进保险、证券服务"三农"、改善农村地区信用环境等方面取得显著成绩。

农村基础金融服务的"最后一公里"被打通，短短 5 年间，全省县域以下地区新增银行网点近 400 家。截至 2015 年 9 月末，全省县域及以下地区共布设转账电话 167415 部，平均每村 6.68 部，较 2010 年增加 3.68 部，基本实现行政村全覆盖，农户足不出村即可享受转账、查询、小额汇兑、支农补贴领取等基础金融服务；县域以下分别布设 ATM 和 POS 机 11077 台和 92156 台，乡镇覆盖率达 98.58% 和 98.96%，分别较 2010 年提高 12 个和 14 个百分点。

在农业信贷方面，据统计，到 2015 年 9 月末，全省涉农贷款余额较 2010 年末增加了 4150.03 亿元，增长了 139%，占各项贷款比例较 2010 年末提升了 6 个百分点。全省县域贷款余额较 2010 年末增加了 3221.65 亿元，增长了 139%，占全部贷款的比例较 2010 年末提升了 4 个百分点。

同时，湖北省农村金融信用体系建设加快。截至 2015 年 9 月，全省有 1018 个乡镇被评为信用乡镇，信用村 18924 个，占比分别为 97% 和 75%，分别较 2010 年底提高了 10 个和 13 个百分点；累计建立农户信用档案 868 万户，有 337.6 万户建档农户获得信贷支持，贷款余额 766.37 亿元，较 2010 年末增长了 120%。

第三节　湖北省农产品加工成就

一　农产品加工产值逐年增加

湖北是农业大省，是重要的粮棉油生产基地。2009 年，湖北省委、省政府明确提出湖北农产品加工业"四个一批"的战略，即通过 3—5 年的努力，形成一批具有很强带动作用的农产品加工龙头企业，形成一批在全国有影响的知名品牌，形成一批过 50 亿元的农产品加工园区，形成一批农产品加工销售收入超过 100 亿元的县（市、区），让全国人民"饮长江水、吃湖北粮、品荆楚味"。2014 年，湖北农产品加工业主营业务收入达到 11901.6 亿元，相比 2009 年的 3442.5 亿元增加了 2.46 倍，农产品加工业与农业产值比达到 2.35∶1，超过了全国平均水平；2015 年，湖北省农产品加工业主营业务收入超过 1.1 万亿元，居全国第 5 位，成为名副其实的三农发展"火车头"，在全国排名跃居第五位，其中食品和粮油加工业分别位居全国第三和第二。与此同时，湖北省充分发挥产业园优势，引导农产品加工企业入驻产业园。截至 2015 年底，全省加工产值 30 亿元以上的园区达到 53 个，30 个省级园区实际利用面积 45 万亩，入园企业 2073 家，加工产值占全省农产品加工值的 46.4%。

二　农业品牌建设成就显著

对农产品加工业的重视加速了湖北省农产品品牌建设的进程，截至 2015 年底，湖北省农业类"中国驰名商标"达到 133 件，占全省驰名商标总数的 44.5%，是 2010 年的 5.5 倍，成为驰名商标最集中的行业。从省内数据来看，农业类湖北名牌产品 391 个，湖北著名商标 825 件，全省"三品一标"主体 1988 家，品牌总数 4386 个，总量规模位居全国前列。"稻花香""枝江""劲牌"3 个品牌连续多年被评为"中国 500 最具价值品牌"[1]。

---

[1] 《湖北省农业产业化暨农产品加工业"十三五"发展规划》，2016 年 12 月。

三　农产品加工业发展支持政策更新迭代

湖北省委、省政府多次下发文件，强调大力发展农产品加工行业，连续多年的省委"一号文件"中都做出了要求，实施了支持农产品加工业的各项惠农政策，包括农业产业化专项、农业产业化奖励、专业合作组织补助、农业板块建设资金、农业产业化信用担保资金、林业产业化专项、粮油精深加工贷款贴息资金、农业综合开发产业化项目等。在推动产业化生产的同时，在加工农产品的产业链上也提供了良好的支撑。农业科技创新和服务体系得到了迅速的发展，加工产品更加多样，有了更强的竞争力。全省农产品加工业实现了超常规、突破性、跨越式发展，成了全省规模最大、发展最快、就业最多、效益最好、农民获利最多的"五最"产业。2017 年发布的《省人民政府办公厅关于进一步促进农产品加工业发展的实施意见》中明确提出了市场导向、创新驱动、可持续发展、抓大扶小的基本原则，提出加快发展农产品初加工、促进农产品精深加工的要求。在"十三五"全省农产品加工业发展规划中，提出在"四大一快"的基础上，以五大发展理念为统领，立足于新常态，定位于中高速、中高端，着眼于供给侧结构性改革，实现全省农产品加工业的转型升级。

第四节　湖北省农业市场调控成就

改革开放以来，湖北省农业发展始终坚持以市场化为导向，取得了令人瞩目的成就，农林牧渔业总产值由 1980 年的 94.95 亿元上升为 2015 年的 5728.56 亿元。成就的取得，与湖北省政府、湖北省农业厅等部门采取的及时有效的农业市场调控密不可分。

一　农业风险保障的加强

为减轻农民因灾造成的损失，促进农民增收、农业增效，并应对中国"入世"之后农业受到的冲击，湖北省一直以来对农业保障十分重视，并于 2008 年成为国家农业保险试点省份之一。湖北省自开展农业保险试点工作以来，在省财政厅的支持下，按照省委、省政府的统一安排与规划,农业保险工作有序推行,试点范围有序扩大,保险涵盖品种合理增加,运行机制逐步完善,农业风险保障体系基本形成。

目前,全省由中央和省级财政给予保费补贴的农业保险覆盖水稻、油菜、棉花、能繁母猪、奶牛、森林、"两属两户"(军属、烈属、低保户、五保户)农房保险 7 个险种。能繁母猪保险始于 2007 年,水稻、奶牛、"两属两户"农房保险始于 2008 年,以上 4 种保险目前已经覆盖全省。棉花、油菜保险始于 2010 年,森林保险始于 2012 年,以上 3 种保险在部分县市试行推广。其中,在天门市开展了棉花保险试点,在潜江市、钟祥市、当阳市、武穴市、公安县 5 市县开展了油菜保险试点,在神农架、房县、竹溪、丹江口、宜都、咸丰、恩施市、崇阳、通山、罗田、麻城、谷城、南漳、京山 14 个县市开展了森林险试点。目前,参与全省农业保险的主要包括中国人保财险湖北省分公司、中华联合湖北省分公司、太平财险湖北省分公司、平安财险湖北省分公司、太平洋财险湖北省分公司等。

表 2—5　　　　　　　　湖北省农业保险险种开始时间及试点范围

险种	开始时间	试点范围
水稻	2008 年	全省各县市
油菜	2010 年	潜江市等 5 个县(市)
棉花	2010 年	天门市
森林	2012 年	神农架林区等 14 个县(市、区)
能繁母猪	2007 年	全省各县市
奶牛	2008 年	全省各县市
"两属两户"农房	2008 年	全省各县市

资料来源:湖北省财政厅。

农业保险的逐步实施,得到各级政府和广大农民群众的普遍认可,对其需求也逐渐增加,因此,湖北省政府本着科学、合理、高效的原则逐步增加保险种类、扩大保险范围、提高保险额度,农业保险体系趋于完善,农业生产抗风险能力极大增强。2007—2015 年湖北省累计风险保障 1285.62 亿元。在种植方面:水稻累积投保面积 21968 万亩、油菜累计投保面积 1109 万亩、棉花累计投保面积 365 万亩、公益林累计投保面积 5250 万亩；在养殖方面：能繁母猪累计投保 1738 万头、奶牛累积投保 18.54 万头；在基础设施方面："两属两户"农房累计投保 1217.2 万户。

表2—6　　　　　　　　湖北省农业保险分种类情况汇总

种类 \ 年份	2007	2008	2009	2010	2011	2012	2013	2014	2015	合计
水稻（万亩）		2517	2850	2837	2772	2972	2834	2778	2408	21968
油菜（万亩）				146	209	223	205	204	122	1109
棉花（万亩）				64	64	63	64	61	49	365
公益林（万亩）							1528	1795	1927	5250
能繁母猪（万头）	167	232	168	119	150	237	266	225	174	1738
奶牛（万头）		2.68	1.83	2.13	2.33	2.92	2.56	2.37	1.72	18.54
农房（万户）		98.60	121.82	124.79	152.01	174.80	182.38	193.30	169.50	1217.20
投保农户（万户）	155	2354	2751	2832	3206	3140	3245	896	776	19355
累计风险保障（亿元）	16.67	104.72	111.48	112.78	124.22	144.31	186.98	250.73	233.73	1285.62

资料来源：湖北省财政厅。

二　农业市场的完善与稳定

家庭联产承包责任制的实施，激发了农民从事农业生产的积极性和潜力，极大地丰富了湖北省农产品产量。为适应改革开放的需求，从 1985 年开始，湖北省农村改革重点逐渐从农业生产领域转向农副产品流通领域，改革统派购制度，取消统派购价格，使农副产品价格逐步回归市场。1987 年，除粮食、油料采用部分合同定购，棉花、蚕茧采用全合同定购之外，其他农副产品的收购基本全部放开，实行市场价格议购制度。在放松价格的同时,湖北省在加强监管的前提下积极放开市场,积极鼓励农民进入市场,参与农副产品的流通。在此期间,城乡集贸市场、农村贸易货栈、农产品批发市场、农贸中心以及各种民间组织大量出现,农业市场得到初步完善。农村市场的发展,使农村经济获得了广阔的增长空间,截至 1987 年,全省农产品商品率达到 52.6%。

为推动农业进一步发展,湖北省始终秉持"以市场为引导,以效益为核心"的理念,实行贸工农、产加销、经营服务一体化的农业产业化经营。基于以上政策与调整,湖北省农业市场发展进入新的时期。到 1997 年,湖北省农产品综合商品化率已达到 62%,农村集市贸易点 3500 个,大型农副产品批发部和农贸公司 1700 个,基本上形成了以农民购销户为基础,以农村市场为主导,以批发市场为骨干的农产品市场网络。从 1997 年开始,湖北省逐步推进农业市场的完善,推动农业产业化发展。截至目前,全省规模以上农业产业化龙头企业达到 6489 家,其中省级重点龙头企业 827 家,国家级重点龙头企业 49 家。

三 农业公共产品的提供

农业公共产品的提供,一方面能够有效降低农业生产成本,提高农业资源的配置效率和农业生产效率;另一方面可以增强农业生产克服不利地理条件、自然灾害的能力,提高农业生产稳定性;同时,农业公共产品的提供能够提高农民生产积极性,提高农业的生产效率,推动农业发展。为保证农业生产顺利进行,促进农业持续发展,湖北省高度重视农业水利设施、公路设施、通信设施等公共产品的投资与建设。

其中低等级公路里程由 1979 年 4.46 万公里上升为 2015 年的 21.99 万公里,增幅 393.05%;水库数量由 1990 年的 5799 座增加为 2015 年的 6556 座,增幅 13.05%,详见表 2—7。公共产品的大力提供增强了农业的生产能力,极大地保障了农业产品产量的提高。低等级公路里程的增加,改善了湖北省农业机械、化肥等农业生产资源的配置,加速了农产品的贸易。湖北省农业生产受洪涝灾害影响严重,水利设施的建设增强了农业对洪涝灾害的抗性。湖北省除涝面积由 1987 年 1158 千公顷上升为 2015 年的 1313.93 千公顷,增幅 13.46%,详见表 2—8。

表 2—7　　　　　改革开放以来农业公路及水利设施建设情况

年份	低等级公路里程（万公里）	水库数量（座）
1979	4.46	/
1980	4.46	/
1985	4.50	/
1990	4.53	5799
1995	4.31	5817
2000	4.88	5835
2005	7.33	5807
2010	18.41	5848
2015	21.99	6556

资料来源：国家统计局数据库（http：//data. stats. gov. cn/easyquery. htm？cn = E0103、ht-tp：//data. stats. gov. cn/easyquery. htm？cn = E0103）。此处低等级公路包括三、四级公路及等外公路。

表 2—8　　　　　　　　　湖北省历年除涝面积

年份	除涝面积（千公顷）	年份	除涝面积（千公顷）
1987	1158	2000	1199
1988	1165	2005	1195.63
1989	1173	2010	1219.2
1990	1175	2015	1313.93
1995	1190		

资料来源：国家统计局数据库（http：//data. stats. gov. cn/easyquery. htm？cn = E0103）。

　　随着网络在农业信息供给、农业贸易等方面作用的日益突出，湖北省高度重视农村网络通信设施的建设，积极开展网络农产品贸易，并基于此引入"互联网＋"的农产品贸易模式促进农业产业化发展。据统计，2011—2015 年湖北省农村宽带接入用户由 102 万户上升为 154.9 万户，增幅 51.86%，具体数据详见表 2—9。

表2—9 湖北省互联网宽带接入户情况

年份	互联网宽带接入用户（万户）	农村宽带接入用户（万户）
2011	580. 1	102
2012	708	126. 3
2013	813. 3	144. 1
2014	869. 7	146. 3
2015	1014. 4	154. 9

资料来源：国家统计局数据库（http：//data. stats. gov. cn/easyquery. htm？cn = E0103）。

四 农业补贴政策的实施

为提高农民从事农业生产积极性，湖北省自 2004 年以来实施了包含农作物良种补贴、种粮农民直接补贴、农资综合补贴和农机购置补贴等内容的农业补贴政策。其中农机购置补贴自实施以来呈现连年递增趋势，累计投入 79. 51 亿元（详见图 2—3），极大地推动了湖北省农业生产机械化。农业机械总动力由 2004 年的 1763. 61 万千瓦上升为 2015 年的 4468. 12 万千瓦，增幅 153. 35％。农业补贴政策的实施显著降低了农业生产成本，极大地促进了湖北省农民农业生产积极性。2004 年以来湖北省粮食播种面积呈现上升趋势，由 2004 年的 7155. 88 千公顷上升为 2015 年的 7952. 36 千公顷。

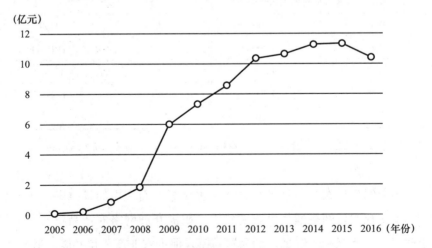

图2—3 湖北省历年农业机械购置补贴总金额

资料来源：湖北省农业厅。

近年来，湖北省逐渐完善农业补贴政策，补贴效果趋于精准化。并于 2016 年印发了《关于全面推开农业"三项补贴"改革工作的通知》（财农［2016］26 号），在全省全面推开农业"三项补贴"改革，即将农作物良种补贴、种粮农民直接补贴和农资综合补贴合并为农业支持保护补贴，从而扩大了补贴范围，提高了补贴效率，增强了补贴效果。

第三章

农业要素投入与湖北省农业发展

第一节　农业生产投入要素

在西方经济学中，生产要素一般被划分为劳动、土地、资本和企业家才能四种类型。

劳动指人类在生产过程中提供的体力和智力的总和。

土地不仅指土地本身，还包括地上和地下的一切自然资源，如海洋、森林、江河湖泊和矿藏等。

资本可以表现为实物形态和货币形态。资本的实物形态又称为资本品或投资品，如厂房、机器设备、动力燃料、原材料等。实物形态的资本又可以分为固定资本（资产）和流动资本（资产）。固定资产是指使用期限在一年以上，单位价值在规定标准以上，并在使用过程中保持原来的物质形态的资产，如房屋及建筑物、机器设备、运输设备、工具器具等。固定资产与流动资产比较，其特点是：从实物形态来看，固定资产具有使用年限较长，可以连续地参加很多生产经营周期，在长期使用中保持原有实物形态的特征；从价值形态来看，固定资产的价值随其参与经营过程的进行，逐渐地、部分地转移到费用中去，构成费用的一个组成部分。流动资本（资产）指在当年或一个生产周期内消耗掉的生产资料。

企业家才能主要指企业家组织建立和经营管理企业的才能。农业生产中企业家应该包括政府和农民[1]。

---

[1]　值得注意的是，以上所论及的生产要素投入是各生产要素提供主体在整个生产过程中所提供的服务流量而非生产要素本身。

根据农业生产实际以及其自然再生产过程和经济再生产过程统一的的特殊性，可以将农业投入要素细分为：农业劳动力、农业用地、农业资本、农业企业家才能。

农业劳动力：指能够参加而且愿意参加农业劳动的劳动力的数量和质量的总称。农业劳动力是农业生产发展中的基本参与对象，是进行农业活动的社会主体，主导着农业的生产发展，决定着农业的生产方式和生产内容，是农业中的关键性要素之一。劳动力投入是指生产活动中实际投入的劳动量，应该用标准劳动强度的劳动时间来衡量。

农业用地：是农业生产发展的最具根本性的基础，是农业生产中不可或缺的基本要素。现实中，指农林牧渔业用地，其影响动植物生长的光照、降水和气温等自然条件。

农业资本：农业固定资本和农业流动资本。农业固定资本包括使用年限在一年以上，多年发挥效益的农田水利设施、农业机械设备、生产场地和农具、良种繁育、农业技术推广服务和农产品储运加工设施、役畜和种畜等固定资产投入。农业固定资本投入通常用农业固定资产存量在当年或一个生产周期内的折旧表示。农业流动资本包括在当年或一个生产周期内消耗掉的种子、肥料、饲料、农药、农膜、燃料、电力等，用农业中间消耗表示。

农业企业家才能：政府提供的、可以提高全社会农业综合生产力水平的服务，包括农业生产经营制度、农业科研教育、农业科技推广措施、农户掌握的农业生产技术和应对市场风险的能力等（陶红军，2007）。

第二节　农业生产函数

一　生产函数概念与类型

生产函数表示在一定时期内，在技术水平不变的情况下，生产中所使用的各种生产要素数量与所能生产出的最大产量之间的关系。张军总结了四种形式的生产函数形式：Cobb - Douglas 生产函数模型、可变替代弹性 VES 生产函数模型、不变替代弹性 CES 生产函数模型和超越对数 Translog 生产函数模型。其中，C - D 函数模型是受约束的 CES 模型和

VES 模型，而 CES 模型和 VES 模型又是受约束的 Translog 模型。这四种模型中，C－D 生产函数应用最广泛（Giles & Hampton，1984）。

二　C－D 函数

C－D 生产函数是柯布—道格拉斯生产函数的缩写，最初是美国数学家柯布（C. W. Cobb）和经济学家保罗·道格拉斯（Paul H. Douglas）根据历史统计资料研究 20 世纪美国的资本投入（K）和劳动投入（L）对产量（Y）的影响时所得出的一种生产函数。基本形式如下：

$$Y = A K^{\alpha} L^{\beta} \tag{1}$$

公式中，Y 表示产值，A 代表的是技术进步，K 指的是资本投入，L 指的是劳动投入；α 和 β 则分别表示资本和劳动的产出弹性。当 $\alpha + \beta = 1$ 时，生产规模效益不变；当 $\alpha + \beta > 1$ 时，生产规模效益递增；当 $\alpha + \beta < 1$ 时，生产规模效益递减。

假设湖北省改革开放以来，农业技术进步为中性技术进步，t 表示时间，δ 表示技术的年平均变化率，$e^{\delta t}$ 表示技术进步带来的 t 时间内的增长率，则生产函数为：

$$Y = A(t) K^{\alpha} L^{\beta} = A e^{\delta t} K^{\alpha} L^{\beta} \tag{2}$$

农业生产中土地是要素之一，假定 M 代表土地投入，γ 表示土地的产出弹性，则生产函数为：

$$Y = A e^{\delta t} K^{\alpha} L^{\beta} M^{\gamma} \tag{3}$$

在湖北省农业总产量的生产函数分析中，将资本分为资本投入、机械投入和化肥投入，分别记为 K、K_1 和 K_2，弹性指数分别记为 α_1 和 α_2，则生产函数：

$$Y = A e^{\delta t} K K_1^{\alpha_1} K_2^{\alpha_2} L^{\beta} M^{\gamma} \tag{4}$$

对生产函数的分析，多采用回归的线性分析，用最小二乘法或最大似然法估计 α_1、α_2、β 和 γ 的值，即对式（4）两边取对数转化为下述线性方程：

$$\ln Y = \ln A + \ln e^{\delta t} + \alpha \ln K + \alpha_1 \ln K_1 + \alpha_2 \ln K_2 + \beta \ln L + \gamma \ln M \tag{5}$$

对上述线性方程求关于时间 t 的导数，得到方程：

$$y = \delta + \alpha k + \alpha_1 k_1 + \alpha_2 k_2 + \beta l + \gamma m \tag{6}$$

式（6）中，y 表示湖北省农业的总产值增长率，k、k_1 和 k_2 分别表示三项资本的投入增长率，l 表示劳动力投入的增长率，m 表示土地的投入增长率。方程两边同时除以 y，可得：

$$1 = \frac{\delta}{y} + \frac{\alpha k}{y} + \frac{\alpha_1 k_1}{y} + \frac{\alpha_2 k_2}{y} + \frac{\beta l}{y} + \frac{\gamma m}{y} \tag{7}$$

其中，$\frac{\delta}{y}$ 表示技术进步贡献率，$\frac{\alpha k}{y}$、$\frac{\alpha_1 k_1}{y}$ 和 $\frac{\alpha_2 k_2}{y}$ 表示资本投入贡献率，$\frac{\beta l}{y}$ 表示劳动投入贡献率，$\frac{\gamma m}{y}$ 表示土地投入贡献率。

第三节　湖北省农业总产值生产函数分析

一　投入产出数据

经过仔细筛选，选择以 1980 年不变价格计算的农林牧渔业总产值为被解释变量。

农业劳动投入用湖北省农林牧渔业劳动力投入总量来测算。生产函数中劳动投入是指劳动力所能提供的体力和智力两个方面的投入，而在生产函数的测算中，通常采用标准劳动强度的劳动时间来衡量。由于在我国的农业统计数据中缺少相关的详细指标，所以在对湖北省农业要素投入产出中采用农林牧渔业劳动力数量来代替。

农业资本投入分为农业流动资本和农业固定资本投入。农业资本总投入是指湖北省农林牧渔业生产过程中的资本总投入，包括固定资产和流动资产。固定资产可通过《湖北统计年鉴》查得。流动资产是指年度内农林牧渔业生产的一次性消耗，可通过总产值和增加值计算得到。

土地总投入是指湖北省农林牧渔业生产过程中的土地总投入，包括耕地面积、水产养殖面积、造林面积、畜牧养殖面积和青储饲料耕种面积。其中按照《湖北统计年鉴》中的湖北省受灾面积、成灾面积、绝收面积按照 10%、30%、70% 的标准予以减扣，最终计算整理出土地的总投入。

化肥和机械的总投入是指湖北省农林牧渔业生产过程中历年的化肥折合总使用和生产机械总瓦数，如表 3—1。

表 3—1　　　　　　湖北省 1980—2016 年农业总产值及投入要素

（单位：亿元、万公顷、万人、万千瓦、万吨）

年份	农业总产值	农业资本	土地面积	劳动力	农业机械	化肥
1980	94.95	30.98	747.70	1393.70	773.08	55.80
1981	111.68	39.17	726.30	1432.80	797.94	57.40
1982	128.35	51.19	746.10	1454.60	813.76	69.70
1983	134.09	55.57	739.90	1457.20	830.16	79.70
1984	169.20	63.11	738.80	1429.30	859.95	88.90
1985	192.32	66.16	733.20	1324.50	911.58	91.70
1986	219.10	67.63	37.40	1335.50	1002.00	104.10
1987	249.68	76.05	733.70	1356.00	1065.00	118.00
1988	297.51	94.64	722.90	1381.80	1154.00	124.00
1989	335.04	100.56	726.10	1419.40	1119.00	131.70
1990	402.23	108.70	736.10	1454.00	1099.60	148.60
1991	405.04	137.47	742.40	1486.40	1120.90	155.30
1992	435.42	179.62	718.70	1452.20	1114.40	165.10
1993	501.17	195.00	712.60	1422.00	1109.00	183.00
1994	786.84	221.46	718.10	1379.50	1136.10	200.20
1995	988.53	260.79	741.40	1329.20	1174.34	228.40
1996	1140.76	317.28	757.90	1296.50	1222.20	240.00
1997	1243.68	341.79	773.92	1266.04	1276.00	262.20
1998	1222.58	372.70	769.59	1232.90	1325.90	270.59
1999	1126.10	412.35	778.86	1210.91	1363.70	251.53
2000	1125.64	480.30	743.70	1159.13	1414.02	247.08
2001	1172.82	503.51	744.72	1143.72	1469.24	245.27
2002	1203.30	514.72	752.94	1130.97	1557.43	256.97
2003	1342.09	578.77	715.27	1110.71	1661.75	270.32
2004	1695.44	720.22	755.75	1105.71	1763.61	281.92
2005	1775.58	765.29	744.18	1101.78	2057.37	285.83
2006	1842.20	827.28	685.19	1085.81	2263.15	292.48
2007	2296.84	1046.18	706.29	1047.67	2551.08	299.90

年份	农业总产值	农业资本	土地面积	劳动力	农业机械	化肥
2008	2940.47	1367.01	683.53	995.76	2796.99	327.66
2009	2985.19	1484.05	798.41	965.73	3057.24	340.26
2010	3502.00	1685.39	833.09	900.14	3371.00	350.77
2011	4252.90	1984.74	837.58	885.63	3571.23	354.89
2012	4732.12	2414.67	855.28	885.63	3842.16	354.89
2013	5160.56	2601.17	850.16	869.79	4081.05	351.93
2014	5452.84	2836.46	883.50	865.21	4292.90	348.27
2015	5728.56	3138.15	866.31	869.32	4468.12	333.87
2016	6278.35	3655.32	833.92	863.64	4187.75	327.96

资料来源:《湖北统计年鉴1980—2016》。

二　生产函数分析

通过 Eviews 软件对 1980—2016 年的湖北省农业投入产出数据进行回归分析,结果如下:

$$\ln Y = 6.53 + 0.768\ln K + 0.142\ln K_1 + 0.134\ln K_2 + 0.023\ln L + 0.008\ln M \tag{8}$$

$$(1.3) \quad (14.045) \quad (2.141) \quad (4.912) \quad (0.584) \quad (0.652)$$

回归方程(8)的分析中 F 的值为 1785.961,显著水平为 0.0001,达到极显著的水平。决定系数 R^2 的值为 0.997,调整后的决定系数 R^2 的值为 0.996,结果显著,能够充分说明:资本、土地、农机、化肥、劳动力五个自变量能够解释湖北省农业总产值的方差变动。

回归方程(8)中,Y 是按照各年价格计算的湖北省农业总产值,K 是湖北省农林牧渔业资本总投入,K_1 是历年湖北省的农业机械总动力,K_2 是湖北省历年来的化肥投入量,L 是不同年份湖北省农林牧渔业劳动力投入总量,M 是不同年份湖北省农林牧渔业生产总面积。括号内是不同要素对应的 T 检验值,资本、农机、化肥、土地、劳动力 T 检验的结果分别为 0.001、0.001、0.001、0.03、0.001,均通过了 0.5 的显著性检验。通过对回归方程(8)的调整,可得:

$$y = 6.53 + 0.768K + 0.142K_1 + 0.134K_2 + 0.023L + 0.008M \tag{9}$$

通过对方程（9），将湖北省农业总产值生产函数还原为幂函数，可得：

$$Y = 639.207 K^{0.768} K_1^{0.142} K_2^{0.134} L^{0.023} M^{0.008} \qquad (10)$$

通过湖北省农业总产值生产函数可知：湖北省农业生产资本的产出弹性为 0.768，资本每增加 1%，则湖北省农业总产值增加 0.768%；湖北省农业生产中机械的投入产出弹性是 0.142，机械投入量每增加 1%，则湖北省农业总产值增加 0.142%；湖北省农业生产中化肥投入产出弹性为 0.134，化肥投入每增加 1%，则湖北省农业总产值增加 0.134%；湖北省农业生产中劳动力投入产出弹性为 0.023，劳动力投入每年增加 1%，则湖北省农业总产值增加 0.023%；湖北省农业生产中土地投入产出弹性为 0.008，土地投入量每增加 1%，则湖北省农业总产值增加 0.008%。

湖北省规模弹性 = 0.768 + 0.142 + 0.134 + 0.023 + 0.008 = 1.075 > 1，说明湖北省农业处于规模报酬递增阶段，进一步扩大投入、增加规模对于湖北省农业发展是有益处的。

在投入要素中，资本的弹性最高，是机械弹性的 5.4 倍，是化肥弹性的 5.7 倍，是劳动力弹性的 33.4 倍，是土地弹性的 96 倍，相比机械、化肥、土地和劳动力，资本的投入将会给湖北省农业的发展提供强大的动力。这与目前湖北省大力推进农业现代化，提高农业装备水平，增加农业资本投入，打造新型农业的发展目标不谋而合。

三　农业各要素投入贡献率

为了进一步分析湖北省农业各要素投入在不同时期对湖北省农业总产值的贡献率和变化，分别计算出资本、农机、化肥、土地、劳动力在 1981—2016 年各年间对湖北省农业总产值的贡献率，如表 3—2 所示。

表 3—2　　　　湖北省 1981—2016 年年均农业要素贡献率　　　（单位：%）

年份	总产值增长率	资本贡献	土地贡献	劳动力贡献	农机贡献	化肥贡献	其他贡献
1980—1990	32.36	5.95	0.004	0.003	0.19	0.69	25.53
1991—2000	17.98	14.98	0.005	0.002	0.23	0.49	2.51

续表

年份	总产值增长率	资本贡献	土地贡献	劳动力贡献	农机贡献	化肥贡献	其他贡献
2001—2010	21.11	9.12	0.005	0.002	0.93	0.26	10.79
2010—2016	7.93	11.32	0.001	-0.001	0.43	-0.11	-2.85

资料来源:《湖北统计年鉴 1980—2016》,经计算得来。

从表 3—2 中数据来看,湖北省农业总产值在 1980—1990 年保持高速增长,家庭联产承包责任制的广泛应用极大地解放了湖北省农业发展的生产力,推动了湖北农林牧渔业的发展。1991—2000 年农业总产值增长率出现小幅下滑,但仍处于快速增长状态,之后随着市场化体制的改革完善继而再一次推动湖北省农林牧渔业的发展。进入 21世纪后,随着市场经济的进一步完善和农业税的取消,在 21 世纪的头十年湖北省农业总产值高速增长;2010 后,农业产业结构的调整使得湖北省农业总产值增速有所放缓,但一直保持稳定状态。总体上来看,湖北省农林牧渔的发展虽然有所波动,但基本处于稳定增长状态。

各个投入要素的年度增长贡献率中,总体变化趋势和湖北省农业总产值的增长率变化保持一致。排除其他要素的增长贡献,投入要素对增长的贡献依次是:资本 > 机械 > 化肥 > 土地 > 劳动力。

农业资本对湖北省农业总产值增长的贡献是十分明显的,虽然有所波动,但是资本的年平均贡献率基本保持在 5% 以上,而且从总态势上来看,资本要素的投入贡献率在 1980—2016 年处于上升趋势,资本的投入贡献率总体处于增长状态。而在 1991—2000 年的十年间是我国市场化改革开端,更多的资本投入社会发展,促进第一产业、第二产业和第三产业的发展,是湖北省农业形成资本贡献的峰值阶段。总体来看,资本投入对湖北省农业发展作用巨大,且资本的贡献率处于上升状态,因此在湖北省推动农业发展的目标下不能忽视资本的投入。

化肥和农机作为农业生产的基本要素,在 1980—2016 年湖北省农业发展的过程中呈现着两种不同势态。农机作为农业中的生产动力来源,在 1980—2016 年,对湖北省农业增长的贡献率逐年增加,并在 21 世纪头十年达到峰值，这是湖北省推进农业现代化，提高农业补贴，推广农业技术的成果。相反，湖北省农业化肥的投入贡献呈现递减趋势，从0.69%减少至 −0.11%，但是 2016 年湖北省全省的化肥使用量较 1980 年增加了 271.44 万吨，年平均增加 5.21%。在 2013 年之后逐渐有负数增长贡献的出现。党的十九大以来，我国推行"乡村振兴战略"，农业生产的绿色、安全是下一步我国农业发展的目标，化肥、农药的使用也将加以控制，实现农业的绿色增长。

土地要素对增长的贡献十分一般，总体呈现先增后减的变化趋势，1991—2010 年其年均贡献率达到峰值。随着湖北省城镇化的推进，农业用地面积不断减少，可耕地面积亦不断减少，因此年均贡献率不足 1%。土地作为农业的基本生产要素，对实现农业生产、保障粮食安全是十分重要的。在城市化进程加速、耕地面积减少的背景下，通过农业规模化经营和特色化经营，可以提高土地对湖北省农业增长的有效贡献。

劳动力是农业的参与主体，我国的农业多以小农家庭生产为主，湖北省也不例外，农业人口占据总人口大部分。自 1980 年以来，湖北省农业劳动人口逐年下降，从 1980 年的 1393.94 万人下降到 2016 年的 863.64万人，但是在劳动力的增长贡献中，湖北省劳动力在农业生产中的年均贡献率呈现下降趋势，并在 2010—2016 年年均贡献率出现负值。农业机械的推广和应用，大大提高了生产效率，节约了大量的农业劳动力，因此提高湖北省农业劳动力的贡献率应该从提高劳动力素质、技术、知识层面入手，转移生产中的剩余劳动力。

第四节　合理配置生产要素，加快推动农业发展的建议

一　农业劳动力要素

——努力提高劳动力利用效率和农业劳动生产率。湖北省在开发利用劳动力的同时，在原有家庭承包经营的基础上，客观地需要建立各种形式的农业合作经济组织和农业产业化经营组织，以解决农民一家一户难以解决的产前、产中、产后的机械服务、技术服务、信息服务、销售

服务等一系列问题，实现农业生产要素的社会分工与协作、生产资源的优势互补，提高农业劳动生产率。

——增加教育经费投入，不断深化农村教育综合改革。从发展现代农业的长远着眼，必须把农村义务教育当成刻不容缓的头等大事来抓，各级政府要从为民族未来负责的高度正视农村义务教育，加大投入，采取切实可行的措施，确保顺利完成农村九年义务教育。从注重数量规模到注重学生的全面发展，健全相应的保障机制，坚持"科教兴国"与"科教兴农"相结合的原则。把普及教育与农村职业技术教育有机结合起来，使农村初等职业教育成为农村基础教育的重要组成部分，共同为提高农村劳动者素质，有效地遏制农村的高辍学率服务。今后要以发展农村经济为中心，以科学技术为动力，以满足农民实际需要为目的，以服务农业现代化为根本，在强化基础教育的同时，也要抓好农村职业教育和农村成人教育，摆脱狭隘的普通教育，形成一个多层次、多形式并存的农业教育体系。

二 土地资源要素

——政府要加强对耕地保护的宣传力度，增强全民对耕地的保护意识。政府应该首先建立和完善相关的耕地保护法律法规，对耕地实行有效的法律保护。政府要加强对耕地保护相关法律法规的宣传力度，不仅要注意宣传的受众，更要注意宣传的内容，应该大力积极宣传耕地保护方面好的做法和成功经验，同时加大对违法用地反面典型案件的报道力度，起到警示教育的作用，树起全民保护耕地的意识。

——实行耕地有偿保护制度。建议把耕地有偿保护制度纳入湖北省农业财政预算。具体说，凡是领有集体土地耕地使用权证，负有保护耕地责任的农户或承包者，政府对其每年每亩地给予一定补助。如果承包者所保护的耕地，由于国家建设需要被征收或者征用，按耕地保护年期，一次性给承包者补偿耕地保护成本费，激起人们对耕地保护的积极性。

——建立耕地保护基金制度。耕地保护基金主要用于耕地流转担保资金和农业保险补贴、承担耕地保护责任农户的养老保险补贴。保护基金主要从新增建设用地土地有偿使用费和出让金中提取，由国家、省、县各级政府共同分担。

——建立耕地破坏的惩罚制度。对破坏耕地的行为加大处罚力度。凡是对耕地造成极大破坏的人,相关政府部门应予以法律惩罚。承包耕地的农民和其他承包经营者,凡是因保护不力致使耕地遭到破坏,或者擅自改变用地性质的,都要受到惩罚。轻者罚款、处分,重者要受到法律制裁。划定永久保护的基本农田,数量减少、用途改变、质量下降要加倍处罚。处罚规定由省一级人民政府颁布。

三 农业机械要素

——调整农机补贴政策。从以前的"一刀切"的补贴措施调整为有重点、有层次、有引导的农机补贴,引导农机购买者更加理性地进行生产经营,优化农机的区域配置,提高农机的使用效率;对于农机生产者,政府可通过补贴措施引导其不断研发新农机,解决农作物生产关键环节农机化率低的问题;逐步构建农机生产标准,引导湖北省农机发展向规范化迈进。通过农机补贴的引导性政策推动湖北省农业的发展。

——增加机械研发投资。坚持"科教兴农"战略,尽快培养一批有知识、有技术、懂经营的农机科研人才、农机推广人才和农业经营人才,在湖北省农机生产、推广和使用的各个环节注入新的发展力量,推动湖北省农机事业的发展,加速湖北省农业现代化的实现。

——推进农业机械化示范区建设。围绕湖北省农业机械发展的优势产业、创新模式、落后地区,政府进行组织和协调,依据当地实际状况建立农业机械化示范区,优先投入资金、政策和技术,鼓励、支持、引导有条件的地区和大型农机产销企业开展整村、整乡、整县全面全程机械化推进,率先实现区域内农业机械化。并根据示范区的经验教训向全省推广,加速湖北省农业机械化发展进程,推动湖北省农业的发展。

——完善农机服务体系。进一步完善农机服务体系建设,通过资金、技术、人才的倾斜,完善农机技术推广服务,为购机农户提供切实的购机服务、技术指导、后期维护等,不断提升服务水平;通过对农机专业合作社、家庭农场、种养大户购买农机和开展农机化作业服务给予重点倾斜,完善农机社会化服务体系,巩固新型农业经营主体的地位,推动新型农业经营主体的发展,加速湖北省农业现代化的实现。

第 四 章

科技进步与湖北农业发展

第一节 科技进步相关概念

一 农业科技

农业科技，是指用于农业生产方面的科学技术，它包括种植、养殖、化肥农药使用法，各种生产资料的鉴别，高效农业生产模式，农产品加工，农业技术服务等。从广义上来讲，农业科技涵盖农业产前、产中、产后不同阶段的与农业有关的科学技术和理论方法，是指导农业生产发展的关键所在。从狭义的农业科技来理解，农业科技是指农业生产过程的实地操作方法。在农业发展的新时期，农业科技更应该向广义的农业科技靠近，既要提高生产过程中的科技水平，也要重视产前种苗技术、产后运输储存技术等的提高。我国一直倡导"科教兴农"，农业科技在我国的农业生产发展中作用甚大，提升农业科技含量不仅对我国，对湖北省农业发展也十分有益。

二 农业科技进步

农业科技进步也称农业技术进步，是指不断使用先进的农业技术来代替落后的农业技术，以促进农业生产力的发展。广义的农业技术进步，既包括农业生产技术即自然科学技术的进步，也包括农业经济管理即社会科学技术的进步。狭义的农业技术进步，仅包括农业生产技术的进步，主要是物化形态的技术，因而也叫硬技术进步。

三 农业科技进步贡献率

科技进步贡献率是指技术进步对经济增长的贡献份额，它反映了经济增长中投资、劳动和科技三大要素作用的相对关系，而科技进步贡献率的计算通常采用索洛模型进行测算，主要是在生产函数中通过将资本、劳动增量从经济增长中分离开来，所得的剩余部分统称为科技进步，即为"索洛余值"，也称全要素生产率"TFP"。同理，在农业中也可将分离开劳动和资本增量的农业科技进步称为"农业 TFP"。

农业科技进步贡献率也称"农业 TFP"，是指农业生产部门科学技术的进步对其经济增长的作用大小，它是农业投入产出效益的考核指标。一般情况下，用农业总产值来体现农业部门的经济增长，一方面是因为生产中劳动力、土地和资本的增加，另一方面是由于科技进步带来的投入产出比的提高，即：农业总产值增长率 = 科技进步引起的总产值增长率 + 新增劳动力引起的总产值增长率 + 土地面积变化带来的总产值的增长率 + 资本投入增加带来的总产值增长率。因此，在对农业科技进步贡献率测算时，通过对生产函数中的资本、土地和劳动力的分离，即可得到农业科技进步贡献率。

第二节 农业科技进步的作用

科学技术是第一生产力，农业科技水平的提高，对于发展农业和农村经济，大幅度提高土地利用率、劳动生产率和农产品的商品率，提高整体效益意义重大。

一 提升农业科技水平

农业科技在农业中的体现，主要包括四个方面：农业科技研发、农业科技转化、农业科技推广和农业科技应用。农业科技的进步不只是上述中某一方面的进步，它包括科技创新、成果转化、技术推广和应用。就目前来看，虽然湖北省高校众多，农业科研、教育、推广机构和队伍规模庞大，但是农业科技创新依然不足，农业科技发展相对缓慢，科研成果转化率低，严重制约着农业的发展。因此，推动农业科技进步，加速农业科技成果的转化、推广和应用，培养一批优秀的科技人才，对湖北省农业发展意义重大。

二　提高农业竞争力

从全球化的角度来看，世界发达国家的农业发展对科技依赖程度高，农业科技进步贡献率远高于我国。我国农业科技投入少、缺乏创新，在世界农产品市场面临着较大的竞争压力，农业科技所能提供的高产、优质、高效未能在我国农产品中体现。因此，无论是在国内市场还是国外市场，提高农产品竞争对于农业发展来说极为重要。而其中，农业科技进步便是关键，农业科技的进步通过改良品种、科学种植、高效管理等实现农业生产的提质增效能够有效提高农产品在市场中的竞争力。

三　实现农业可持续发展

随着经济社会的不断发展，社会对农业的要求也逐渐提高。早期，过分追求工业发展和农业产量所造成水污染、土壤污染、重金属污染等一系列问题成为农业发展面临的新障碍。因此，新时期的农业发展必将是双向的，既有农业的绿色发展也有环境的治理，双管齐下实现农业的可持续发展。实现农业持续稳定发展根本出路在科技，农业科技是确保国家粮食安全的基础支撑，是突破资源环境约束的必然选择，是加快现代农业建设的决定力量。

四　推动农业现代化

农业现代化是新时期农业发展的必由之路，而农业科技创新是农业现代化的需要，是实现农业持续稳定发展、长期确保农产品有效供给的需要，是突破资源环境约束的必然选择，是加快现代农业建设的决定力量，是应对新一轮世界科技革命的需要。必须坚持科教兴农战略，把农业科技摆到更加突出的位置上，大幅度增加农业科技投入，推动农业科技跨越发展。

五 推动乡村振兴建设

在党的十九大报告中，我国首次提出了"乡村振兴战略"，建设城乡融合、共同富裕、质量兴农、绿色发展、文化兴盛、乡村善治、特色减贫的新兴农村。目前，我国农业稳定发展，但是农民增收的基础还不够稳固；农村环境大大改善，但是还不够全面。在新时期乡村振兴建设的背景下，需要加快农业科技进步的步伐，依靠农业科技进步来实现。坚持科技兴农的战略，加速湖北省农业集约经营的飞速发展；与此同时依靠科技降低农业生产成本，提高农业附加值和经济效益，不断拓宽农民持续增收的渠道，逐步实现乡村振兴建设。

第三节 湖北省农业科技进步测算

农业科技进步测算的方法有很多种，常用的有：C－D 生产函数法、索洛余值法、随机前沿分析法、DEA－Malmquist 法。目前国内学者使用最多的是 C－D 生产函数法和索洛余值法，结合湖北省农业发展状况，本章在测算湖北省农业科技进步贡献率时选用索洛余值法，选取 1980—2016 年共 37 年的农业数据进行测算。

一 模型建立

索洛余值法来源于索洛生产函数模型，是通过减去农业总产值增长率中的资本消耗、劳动力投入、土地投入的贡献率后得到的残值。依据索洛模型建立如下方程：

$$y = \delta + \alpha k + \beta l + \gamma m \tag{1}$$

方程（1）中，y 表示农业总产值增长率，δ 表示科技进步率，k、l、m 分别表示资本、劳动力、土地投入的增长率。α、β、γ 则分别表示资本、劳动力和土地的产出弹性，当 $\alpha + \beta + \gamma = 1$ 时，规模效益不变；当 $\alpha + \beta + \gamma > 1$ 时，规模效益递增；当 $\alpha + \beta + \gamma < 1$ 时，规模效益递减。因此可得农业科技进步贡献率测算方程为：

$$农业科技进步贡献率 = \frac{农业科技进步率}{农业总产值增长率} = \frac{\delta}{y} \tag{2}$$

因为，$y = \dfrac{\Delta Y}{Y}$，所以可以得到如下方程：

$$\text{农业科技进步贡献率} = \frac{\text{农业科技进步率}}{\text{农业总产值增长率}} = \frac{\delta}{y} = \frac{\delta}{\dfrac{\Delta Y}{Y}} \qquad (3)$$

方程（3），其中 Y 表示农业总产值。有索洛模型可知：$Y = A\,e^{\delta t}\,K^{\alpha}\,L^{\beta}\,M^{\gamma}$，对两边取对数可得如下方程：

$$\ln Y = \ln A + \ln e^{\delta t} + \alpha_1 \ln K_1 + \alpha_2 \ln K_2 + \beta \ln L + \gamma \ln M \qquad (4)$$

方程（4）为多元线性方程，通过多元回归方程求得各项参数的估计值并代入方程（1）得到如下方程：

$$\frac{\Delta Y}{Y} = \delta + \alpha \frac{\Delta K}{K} + \beta \frac{\Delta L}{L} + \gamma \frac{\Delta M}{M} \qquad (5)$$

方程（5）中，$\dfrac{\Delta K}{K}$、$\dfrac{\Delta L}{L}$、$\dfrac{\Delta M}{M}$ 表示资本、劳动、土地的年平均增长率。

二 数据分析

本章选取 1980—2016 年《湖北统计年鉴》的数据并整理为表 4—1。其中，总产值为湖北省农业年度总产值，劳动力为湖北省年度劳动力投入，资本为湖北省年末固定和流动资本总和。

表 4—1　　　　　湖北省 1980—2016 年农业总产值及投入要素

（单位：万元、万人、万公顷）

年份	农业总产值	资本投入	劳动力	土地面积
1980	94.95	30.98	1393.7	747.7
1981	111.68	39.17	1432.8	726.3
1982	128.35	51.19	1454.6	746.1
1983	134.09	55.57	1457.2	739.9
1984	169.2	63.11	1429.3	738.8
1985	192.32	66.16	1324.5	733.2
1986	219.1	67.63	1335.5	37.4
1987	249.68	76.05	1356	733.7
1988	297.51	94.64	1381.8	722.9
1989	335.04	100.56	1419.4	726.1

续表

年份	农业总产值	资本投入	劳动力	土地面积
1990	402. 23	108. 7	1454	736. 1
1991	405. 04	137. 47	1486. 4	742. 4
1992	435. 42	179. 62	1452. 2	718. 7
1993	501. 17	195	1422	712. 6
1994	786. 84	221. 46	1379. 5	718. 1
1995	988. 53	260. 79	1329. 2	741. 4
1996	1140. 76	317. 28	1296. 5	757. 9
1997	1243. 68	341. 79	1266. 04	773. 92
1998	1222. 58	372. 7	1232. 9	769. 598
1999	1126. 1	412. 35	1210. 91	778. 866
2000	1125. 64	480. 3	1159. 13	743. 7
2001	1172. 82	503. 51	1143. 72	744. 72
2002	1203. 3	514. 72	1130. 97	752. 94
2003	1342. 09	578. 77	1110. 71	715. 27
2004	1695. 44	720. 22	1105. 71	755. 75
2005	1775. 58	765. 29	1101. 78	744. 18
2006	1842. 2	827. 28	1085. 81	685. 19
2007	2296. 84	1046. 18	1047. 67	706. 29
2008	2940. 47	1367. 01	995. 76	683. 53
2009	2985. 19	1484. 05	965. 73	798. 41
2010	3502	1685. 39	900. 14	833. 09
2011	4252. 9	1984. 74	885. 63	837. 58
2012	4732. 12	2414. 67	885. 63	855. 28
2013	5160. 56	2601. 17	869. 79	850. 16
2014	5452. 84	2836. 46	865. 21	883. 50
2015	5728. 56	3138. 15	869. 32	866. 31
2016	6278. 35	3655. 32	863. 64	833. 92

资料来源:《湖北统计年鉴1980—2016》。

通过 SPSS 对方程(4)进行多元回归分析,得到决定系数 R^2 的值为 0.996,调整后的决定系数 R^2 的值为 0.992,结果显著,能够充分说明:

资本、劳动力、土地三个自变量能够解释湖北省农业总产值的方差变动。与此同时，资本、劳动力和土地均通过了 5% 显著性检验，回归结果可信。

通过回归，得到 α、β、γ 的估计值分别为：0.837、-0.163、0.025，$\alpha + \beta + \gamma = 0.694 < 1$，说明湖北省农业出现报酬递减阶段。考虑到科技进步的推广和应用需要一定过程，因此在本章对湖北省农业贡献率的测算中进行分阶段测算，每十年为一个阶段一共四个阶段，测算结果如表4—2。

表4—2　　　　　　　　湖北省农业科技进步贡献率测算　　　　（单位:%）

年份	总产值增长率	资本投入增长率	劳动力投入增长率	土地面积增长率	科技进步率	科技进步贡献率
1980—1990	32.36	21	-0.07	0.03	11.4	35.22
1991—2000	17.99	26.25	0.33	-0.02	-8.57	-47.64
2001—2010	21.11	19.26	0.36	-0.2	1.69	8.01
2011—2016	7.93	6.88	0.06	-0.01	1.00	12.6

由表4—2可知，湖北省自1980年以来农业总产值年均增长率大体上呈波动性下跌趋势，劳动力的投入增长率先增后减，土地面积的投入增长率也呈现出下降趋势，资本投入增长率呈现波动变化并在1991—2000年达到峰值。由于数据样本偏少和其他因素的影响，湖北省农业科技进步贡献率的测算结果略有误差，但基本上能够反映出湖北省农业科技在农业中的变化趋势。湖北省农业科技进步率波动较大，1991—2000年甚至出现了负值。

1980—1990年的十一年是改革开放后的十一年，也是湖北省家庭联产承包责任制实行的前十年，在这一时期资本、土地和技术投入都有所增长，农业生产力的大解放对农业科技的需求大大增加，与此同时农业科技研发和推广机构逐渐恢复和发展，农业中科技进步率和贡献不断提高。

1991—2000年是我国市场化全面改革的十年，在这一时期农村基层群众自治制度建立，农村推行市场化改革。农业科技在市场杠杆的作用下，呈现繁盛状态，同时期的总产值增长和土地面积投入增长较上个时期有所下降，资本、劳动力的投入增长率上升，资本的投入增长率达到峰值，受到资本过量投入的影响，该时期湖北省的农业科技进步贡献率一度出现负值。

2001—2010 年是 21 世纪的头十年，我国在 2006 年前后取消农业税，实行农业补贴，并在全国范围推行农业现代化，增加农业资本投入。这一时期，农业总产值增长略有波动，资本投入增长持续下降，劳动力投入有所增长；伴随着农业科技进步率的上升，农业科技进步贡献率提高。重视资本、劳动力和科技要素的增长，使得该时期的湖北农业获得有效增长。

2010 年后是农业发展的新时期，劳动力和土地已不再具有持续推动农业发展的作用，出现下滑趋势，资本增长有所放缓，科技成为新时期农业增长的潜力点。这一时期的湖北省农业总产值增长放缓，更加注重质量的提高，在稳定资本投入增长的同时充分发挥农业科技对农业发展的作用。

第四节　推动科技进步，促进湖北省农业发展的建议*

提高湖北省农业科技进步贡献率必须深入实施农业科技创新驱动战略，围绕"科技创新、转化应用、人才培养、信息服务"四个关键环节，加快农业科研、农技推广应用、农村实用人才队伍和农业信息化建设，强化科技与人才对农业发展的引领和支撑作用。

一　加快关键技术的研发和攻关

加快推进现代农业产业技术体系建设，整合各类科技服务资源，建立以农业为主导的科技创新平台，开展农业领域重大科技攻关，加快解决现代种业提升、主要农作物薄弱环节机械化、农业信息化等突出问题，

---

* 《湖北省农业十三五发展规划纲要》，2016 年 10 月 19 日。

加强育种、应对农业自然灾害、节水增效、节能减排、节粮减损、资源环境保护、农产品加工与质量安全等关键技术的研发。积极探索和建立种业研发新机制，突出基础性、公益性、前沿性和应用性研究，加强育种公共创新平台、成果转化平台建设。

二　加强农业科技成果转化应用

建立省级农业技术和知识产权交易平台，支持科研机构在县域内建立农业试验示范基地，集成、熟化农业新技术，形成标准化的操作技术规范，引导企业、农民合作社、种养大户成为农业科技成果转化主体，加速推进农业科技成果资本化和产业化。加强基层农技推广体系和条件能力建设，发挥农业专家团队、科技特派员、基层农技推广员在农作物高产高效栽培、科学施肥、优质品种、病虫防治、综合种养、生态种养、精深加工等方面的技术应用示范推广作用。

三　加强农业人才队伍建设

深入推进《湖北省农村实用人才和农业科技推广人才队伍建设中长期发展规划（2010—2020 年)》，全面实施现代农业人才和新型职业农民培育工程。建立和完善新型职业农民教育培训体系，引导和鼓励返乡农民工、退役军人和大学生村官回乡创业兴业；着力实施新型职业农民培育工程；组织开展"三农"干部现代农业知识培训，切实抓好农村实用人才、农业科技人才队伍建设，培育一批适合现代农业发展需要的生产经营型、技能服务型、经营管理型和产业领军型人才。

四　加快推进"互联网＋"现代农业

提升农业现代化发展水平，实施"互联网＋"现代农业行动计划，以大数据、云计算和物联网等现代信息技术为支撑，以推进农业产业在线化和数据化为重点，大力发展智慧农业、精准农业，加快推进农业物联网试验示范，促进信息化与农业深度融合，提升农业现代化发展水平。加快推进农业物联网试验示范。坚持以用为要，优先围绕农业资源利用、农业生态环境监测、农业生产精细管理、农产品与食品安全管理及溯源等领域，做强农业物联网产业链。积极开展农业物联网研究，加快农业物联网示范应用，在大田种植、设施园艺、生态种养、综合服务等领域建设一批标准化的"互联网 +"现代农业示范基地，带动农业物联网整体发展。

五　持续增强农业财政支持

农业技术创新现代化体系的投资主体为国家财政，国家财政应加大对于农业科研方向的研究经费，有规划地完善农业科研基础设施建设，确保农业生产技术环境与人才储备。加速农工商一体化建设，将生产的各个环节加入同一个经营体，形成一个经济共同体，发展农业产业化经营中的科技型企业与中介组织，优先发展科技含量高的生物工程、农业信息等龙头企业，加大对附属产业的支持力度，进一步为企业的运营创造良好的政策环境。同时鼓励农民通过贷款等方式加大对农业科技的资金投入，提高农业补贴，从而将以国家财政为主体的农业技术更新转变为以农民自身为主体的科技更新。

六　加强知识产权保护

提升创新主体的知识产权保护意识、能力和水平，就是要通过制定完善、宣传普及、贯彻落实一系列法律、政策、措施，引导企业实施知识产权战略，将知识产权保护能力建设贯穿于企业新创意、新概念的酝酿、技术创新、产品开发、产品制造、市场营销的全过程，着力提高企业维护权益、规避风险和应对诉讼的能力，全面提升其保护能力和保护水平。

第 五 章

农业制度与湖北农业发展

第一节 制度概念及作用

一 农业制度的概念

制度是人类社会发展中存在的必不可少的组成部分，制度是总结上个时期发展状况和引导下个时期发展的方向，一般是指要求参与者共同遵守的办事流程或行动规则，也指在一定历史发展时期所形成的法令、礼俗、规范等一系列条文规则。在智库百科中，对"制度"一词的解释中有广义的解释与狭义的解释两种。就广义上而言，制度是指在一定条件下形成的政治、经济、文化等方面的体系和体制，比如政治制度、经济制度、文化制度、教育制度、社会主义制度、资本主义制度等。从狭义上来讲，制度是指一个系统或单位制定的要求下属全体成员共同遵守的办事规程或行动准则，如工作制度、财务制度、作息制度、教学制度等。

农业制度是整个社会制度体系中的重要组成部分，是指在一定社会发展条件下，为了进一步推动农业发展，针对目前农业生产发展中存在的一系列问题制定适合的解决流程和规则。从狭义来说，农业制度是在农业领域中对于土地和经营两个方面而制定一系列的流程和规则，比如农业规模经营制度、家庭农场制度等；从广义上来说，农业制度是指在农业发展中，在农业生产、经营、流通、销售、服务等各个环节为提高效率，推动农业发展而制定的流程和规则。在本书关于湖北省农业制度与农业发展的研究中，重点研究土地和经营制度，依据农业制度的狭义解释。

二 农业制度的地位和作用

农业制度是农业发展的基本规则要求,也是推动农业进一步发展的风向标,在农业生产发展中起着重要的导向和规范作用。农业制度无论是在旧中国时期还是新中国成立后对农业的生产发展作用甚大,是对一个时期生产力发展现状的反映,也是对进一步稳定农业发展环境,丰富农业发展要素,促进农业发展的重要保障。

在农业制度中,土地制度和农业经营制度是基本的农业制度,是农村经济发展的原动力。在农业制度对农业发展的作用上主要体现在以下几个方面。

(一) 构建稳定增长的农业生产环境,推动农业发展

良好的农业制度是对当下生产力的客观反映,破除农业生产发展的障碍,扫除农业生产发展中的落后因素,构建相对稳定的农业环境。

(二) 展示农业发展形势,提供风向标的作用

农业制度通过对上一阶段的农业状况研究分析,依据当下农业发展现状,为将来的农业生产发展提供政策导向,引导农业向着更好的方向发展。

(三) 优化农业资源配置,提高农业资源利用效率

农业制度是在现有的农业资源基础上,通过引导和强制等手段实现对资源优化配置,使各类资源状况符合当下农业发展,提高农业资源的使用效率。

(四) 降低农业投入品成本,增加农民收益

农业发展中,农民是主体,是参与者,实现农民利益的最大化更有利于提高农民的生产积极性,增加农业生产投资,推动农业发展。

(五) 丰富农业组织形式,推动农业发展

农业制度建设包含着农业组织经营形式的建设,农业内部组织经营形式的建设,充分挖掘农业内部增长潜力,推动农业发展。

三 湖北省农业制度变迁

农业制度是一段时间内一个国家或地区的农业发展的要求,具有长期性、稳定性和战略性特点。新中国成立后,湖北省农业得到了飞速发

展，在中国农业制度改革的大背景下，湖北省农业制度至今一共经历过三次重大变革。

第一次农业制度变革是在 1950 年前后，根据中央人民政府颁布的《中华人民共和国土地法》，湖北省对全省地区进行土地改革，实现"耕者有其田"。湖北省土地革命消灭了在湖北省延续了数千年的封建土地所有制，确立了新型的小农所有制基础上的农民家庭生产经营组织形式，极大地调动了湖北省农民的生产积极性。

第二次农业制度变革是在 1978 年前后，随着家庭联产承包责任制在全国的试点推行，湖北省政府积极调整农业发展制度，在省内推广家庭联产承包责任制，结束了人民公社化的农业生产经营模式，革新了农业发展组织模式，让农民成为自主经营、自负盈亏的独立生产经营主体，极大地调动了农民生产的积极性，挽救了处于崩溃边缘的湖北农业经济。家庭联产承包责任制的推行，纠正了长期存在的管理高度集中和经营方式过分单调的弊端，使农民在集体经济中由单纯的劳动者变成既是生产者又是经营者，从而大大调动农民的生产积极性，较好地发挥了劳动力和土地的潜力。

第三次农业制度变革是在进入 21 世纪之后，湖北省农业发展面临着新问题、新挑战，提出了农业产业化的农业发展制度。农业产业化是一个较为庞大的概念，它涵盖了农业的规模化生产、产业化经营、可持续化发展以及劳动者素质提高等方面的内容，符合农业制度中构建制度环境和创新制度安排的要求，对湖北省农业发展在土地制度、经营制度、生态制度等方面提出了新的要求。

第二节　湖北省农业制度与农业
发展关系研究

在湖北省农业发展的过程中，农业制度为农业的发展提供了基础保障和发展动力。2003 年后，我国逐渐取消农业税，实施农业补贴政策，农业进入发展的新时期。因此在本章讨论农业制度要素与湖北省农业发展的关系中，将通过对湖北省 2003—2016 年的农业制度要素与湖北省农业总产值之间相关性分析阐述农业制度中相关因素对湖北省农业发展的影响。

一　相关制度因素选定

在农业发展中，农业制度的作用主要体现在支持农业发展、稳定农产品价格、增加农民收入、提高农民生产积极性等方面。因此本章在影响湖北省农业制度发展中选定农业发展制度、农业支持制度、农业价格制度和农业土地制度四个方面作为农业制度和农业总产值之间的相关分析要素。

1. 农业发展制度

农业发展制度是体现我国农业战略地位稳定社会发展的基础，在湖北农业发展中必须重视。本章对于农业发展制度的限定主要集中在农业固定资产的投资方面，农业固定资产是指农业生产中使用期限超过一年的房屋、建筑物、机器、机械、运输工具以及其他与生产、经营有关的设备、器具、工具等。因此通过农业固定资产投资的变化能够反映出农机补贴、农业贷款等农业政策与农业发展之间的关系。

2. 农业支持制度

农业支持制度主要是政府资金直接用于农业的投入，显示了政府的投资倾向和政策惯性，因此在本章中选用政府对农业的财政支出和管理性支出作为湖北省农业发展的制度影响因素之一。

3. 农业价格制度

农业价格制度直接关系到农业生产，农民会通过比较利益来选择是否进行耕种，因此价格制度是刺激粮食生产保护农民积极性的最有效手段。本章选用农产品的生产价格指数作为价格制度因素，从成本方面分析制度对湖北省农业发展的影响。

4. 农业土地制度

农业土地是农业生产的基本要素，农业土地制度自古以来在农业制度体系中占据着十分重要的位置，在封建社会土地是农民生产的根本，土地制度的合理也决定着社会的稳定发展。旧社会的土地制度在新中国成立后得到改进，极大地提高了农民的生产积极性，推动了农业发展。

二 政策相关性分析

1. 模型建立

在因素相关性的研究分析中，最常用的是 Pearson 相关系数分析。Pearson 相关系数本质上是统计学方法中的一种线性相关系数，对它的分析通常是用来衡量定距变量间的线性关系，在本章中将用于分析湖北省农业制度和农业发展之间的线性相关关系。通过量化的湖北省农业发展、支持、价格、土地制度的表示数据来分析相互之间的关系。

假定存在变量 X，$X = (x_1, x_2, \cdots, x_n)$，变量 Y，$Y = (y_1, y_2, \cdots, y_n)$，两者之间存在的相关性系数方程为：

$$r = \frac{\sum\limits_{i=1}^{n} (x_i - \bar{x})(y_i - \bar{y})}{\sqrt{(x_i - \bar{x}) \sum\limits_{i=1}^{n} (y_i - \bar{y})}} \tag{1}$$

其中，$\bar{x}$ 和 $\bar{y}$ 分别是 X，Y 的样本平均值，x_i 和 y_i 是两个样本的变量值。Pearson 相关系数 r 的绝对值越大，表示因变量与自变量的相关程度越高：$|r| < 0.3$ 微弱相关，$0.3 < |r| < 0.5$ 低度相关，$0.5 < |r| < 0.8$ 显著相关，$0.8 < |r| < 1$ 高度相关。

2. 数据分析

假定 X 代表农业制度因素变量，Y 代表农业总产值变量，整理 2003—2016 年的相关数据如表5—1，通过 SPSS 软件对上述公式进行相关性检验。

表5—1 　　　　湖北省2003—2016年农业总产值和制度相关数据

（单位：亿元、万公顷、%）

年份	总产值	固定投资	生产价格（指数）	土地面积	财政支出
2003	1342.09	45.28	106.90	713.83	52.42
2004	1695.44	55.88	121.70	715.59	62.41
2005	1775.58	70.91	100.30	727.94	73.42
2006	1842.2	90.44	99.50	690.06	111.24

年份	总产值	固定投资	生产价格（指数）	土地面积	财政支出
2007	2296.84	127.34	117.00	703.00	127.57
2008	2940.47	206.54	117.00	729.83	176.70
2009	2985.19	294.76	96.30	752.75	254.92
2010	3502	330.40	112.30	799.76	305.44
2011	4252.9	339.21	111.70	800.96	376.23
2012	4732.12	531.35	103.30	807.89	419.02
2013	5160.56	538.81	101.80	810.62	465.34
2014	5452.84	639.62	100.00	811.23	483.80
2015	5728.56	826.89	99.50	795.24	616.57
2016	6278.35	1157.76	106.20	784.35	704.59

资料来源:《湖北统计年鉴 2003—2016》。

结果如表 5—2:

表 5—2　　　　　湖北省 2003—2016 年农业总产值与制度相关性

		总产值	固定投资	生产价格	土地面积	财政支出
Pearson 相关性	总产值	1	0.946	−0.323	0.864	0.987
Sig 显著性（双侧）			0.000	0.261	0.000	0.000
Bootstrapa	偏差	0.010	0.008	0.004	0.001	
	标准误差		0.020	0.225	0.058	0.004

　　从表 5—2 可知，显著性的双侧检验中，发展制度、价格制度、土地制度和支持制度的显著性分别为 0.000、0.261、0.000、0.000，均通过了 5% 的显著性检验。因此以上四个制度和总产值之间存在相关性，而且是显著可见的。

　　在与总产值的 Pearson 相关性检验中，发展制度与总产值的相关性为 0.946，大于 0.8，因此发展制度和湖北省农业发展之间存在显著相关；而价格制度和总产值之间的相关性为 −0.323，其绝对值大于 0.3，价格制度和湖北省农业发展存在着微弱相关；土地制度和总产值之间的相关性为 0.864，大于 0.8，土地制度与湖北省农业发展存在着显著相关；最后，支持制度与总产值之间的相关性接近 1，支持政策与湖北省农业发展相关性极强。

综上所述，湖北省农业的发展对农业生产中的固定投资和财政投入反应明显，对土地流转较为依赖，而农业生产中生产成本的变化对农业增长影响较小。因此湖北省农业发展应注重增加农业固定投资，进一步完善农业生产的基础设施。增加财政支出，完善财政支农政策，通过农业财政刺激农业发展，并引导农业规模化经营和农业现代化的实现。在土地方面，加快土地流转制度的落实和完善，为农业规模化的实现提供保障。在农业生产中，注重规模效应和特色经营，降低农业生产成本，增加农民收入，推动农业发展。

三　政策影响分析

1. 模型建立

在本章对政策的影响分析中采用固定效应回归模型分析法。固定效应回归模型是一种面板数据分析方法，在计量经济学中较为常用，它认为要素之间的差异是系统的、确定的、可测量的。假定存在常量 a_i，可得到固定效应模型如下：

$$y_{it} = a_i + \sum_{k=1}^{k} \beta_k x_{it}^k + \varepsilon_{it} \tag{2}$$

其中，y_{it} 为因变量，x_{it}^k 为自变量，β_k 为回归参数，ε_{it} 为常数项。$i = 1$，$2，3\cdots$，表示截面；$t = 1，2，3\cdots$，表示时间；$k = 1，2，3\cdots$，表示解释变量。因此，在对湖北省农业政策的影响分析中，以湖北省农业总产值为因变量，农业固定投资、生产价格指数、土地面积和财政支出为自变量，构建固定效应回归模型，如下：

$$y_{it} = a_i + \ln \beta_1 x_{it}^1 + \ln \beta_2 x_{it}^2 + \ln \beta_3 x_{it}^3 + \ln \beta_4 x_{it}^4 + \varepsilon_{it} \tag{3}$$

在公式（3）中，y_{it} 表示湖北省农业总产值，x_{it}^1 表示农业固定投资，x_{it}^2 表示生产价格指数，x_{it}^3 表示土地面积，x_{it}^4 表示财政支出。

2. 数据分析

通过 Eviews 软件对表 5—1 中的数据依据方程（3）进行分析，结果如表5—3：

表5—3 农业政策固定效应回归分析结果

	Coefficient	Std. Error	t – Statistic	Prob
常量	– 3055. 723	1102. 569	– 2. 771457	0. 0074
农业固定投资	– 0. 580179	0. 533997	– 1. 086483	0. 2815
生产价格指数	7. 151628	3. 783091	1. 890419	0. 0635
土地面积	4. 867055	1. 511125	3. 220816	0. 0021
财政支出	7. 880742	1. 018069	7. 740868	0. 0000
R^2	0. 983021			
调整后 R^2	0. 980794			

由表5—3中的回归分析结果可知，R^2和调整后的R^2均为0.98，充分说明回归结果真实可信，各要素与总产值之间存在相应关系。在T检验中，各政策因素的检验绝对值相对较高，说明该模型能够较好地反映政策要素和总产值之间的关系。除此之外，从各政策要素的回归系数来看，生产价格指数、土地面积和财政支出与总产值之间存在正相关关系，而农业固定投资与农业总产值之间存在负相关关系。

农业固定投资对农业总产值的回归系数为 – 0.58，说明在其他政策要素不变的情况下，农业固定投资每增加一个单位，农业总产值减少0.58个单位，农业固定投资的增加已经不能再对农业生产的增长产生作用。湖北省取消农业税以后，更加注重农业机械、水利设施、农田基建等的建设，目前的农业生产固定投资量多而质不优，结构也不够合理，关键生产环节和特殊作物的农业机械种收问题还没解决。因此优化农业固定投资结构，提高固定投资的使用效率，有利于湖北省农业进一步发展。

生产价格指数对农业总产值的回归系数是7.15，充分表明农业生产中成本的重要作用，每当生产价格指数提高一个单位，农业总产值增加7.15个单位。生产价格影响着农民收入和生产积极性，湖北省在农产品价格方面缺乏稳定的支持政策，生产价格过低或过高对农业发展都存在不利影响。稳定生产成本，合理调控农产品市场价格，推动湖北省农业平稳发展。

土地面积与农业总产值之间的回归系数是 4.87，说明农业土地每增加一个单位，农业总产值增加 4.87 个单位。土地是农业生产的根本，近年来随着湖北省经济发展，城市化水平不断提高，城市用地面积逐年增加，湖北省政府立足于农业发展的根本，积极出台相应的农业土地保护政策，2003—2016 年湖北省农业耕地面积虽有波动，但是总体为平稳趋势。

财政支出与农业总产值之间的回归系数是 7.88，说明农业财政支出每增加一个单位，农业总产值增加 7.88 个单位。财政支出与总产值之间较高的回归系数与农业生产的特殊性相关，农业财政支出在改进农业生产条件、刺激农民生产积极性等方面有着重要作用。

第三节　推动制度创新，促进湖北农业发展的建议

一　加快落实湖北省的农业供给侧结构性改革

借助中共中央全面推进农业供给侧结构性改革的良好机遇，加快湖北省农业产业结构调整，着力解决湖北省内农业资源配置、农业内部各产业之间资源配置以及第一产业、第二产业和第三产业之间资源配置不合理、效率低的问题。同时湖北省政府应及时依据农业供给侧结构性改革的背景，出台符合省内农业发展的政策措施，降低湖北省农业产能过剩，调整供需不均衡，实现湖北省农业有效供给，进一步优化农业产业结构，加快湖北省农业产业化的进程，提高农业竞争力，推动湖北省农业发展。

二　进一步完善土地流转制度，稳定土地流转环境

扎实推进湖北省农村土地确权登记工作，完善湖北省土地承包经营，落实湖北省土地所有权、承包权、经营权分置管理；依法有序推进湖北省土地流转，加快湖北省土地流转速度，提高土地流转规模，推动湖北省农业规模经营模式的发展，推进湖北省农业产业化进程，推动湖北省农业发展。

三 创新湖北省农业规模经营制度

鼓励支持多种多样的农业规模经营形式,加强对家庭农场、农业合作社、农业企业等现有的规模化经营的管理,加快在农业规模化经营领域的立法,实现规模化经营有法可依,保护农业经营主体的合法利益,提高经营主体的积极性,加速湖北省农业产业化进程。

四 出台相应的政策措施引导农业产业化的发展

通过宣传政策提高人们对产业化的认可度,出台相应的补贴措施引导企业与农业结合,在农业经济发展中给予政策和金融支持,引导农业经营者延伸农业生产产业链,整合区域内农业资源,形成具有强大竞争力的现代化农业产业园,实现湖北省农业产业化。

第 六 章

农业产业结构与湖北农业发展

第一节 农业产业结构定义

一 什么是产业结构

在一个经济体（国家或地区）经济发展的过程中，该经济体的社会化分工越来越细，也产生了越来越多的生产部门，由于这些不同的生产部门在前期构成和后期发展中受到自身和外在的不同因素的影响，在增长速度、劳动力数量、经济比重、推动作用等方面也存在巨大差异。因此，对该经济体中产业的构成以及各产业之间的相互关系的总结概括即为产业结构。

具体来说，产业结构是指某一国家或某一地区，在某一具体的经济发展阶段，该国家或地区所具有的各个产业部门的构成关系和在国民经济总量中占据的比例关系。对该地区的产业进行划分后也可以理解为该地区在某一具体的时间段内农业、轻工业、重工业、建筑业、商业、服务业等产业的增加值占 GDP 的比重关系以及产业内部各个行业之间的比例关系。以中国为例：根据国家统计局 2003 年印发《三次产业划分规定》的通知，中国进行三次产业划分，第一产业，包括农业（种植业）、林业、畜牧业、渔业即大农业；第二产业，包括工业和建筑业；第三产业，也称服务业，是指第一、第二产业以外的所有产业；中国的产业结构就是指第一产业、第二产业和第三产业之间分布构成和相互联系。

二 农业产业结构

农业产业结构的定义中有着狭义和广义的区别。从广义上来说，农业产业结构是指在某一经济体的某一具体时间内，该经济体中的农村产业部门（农林牧渔业以及农业服务业）的产值和劳动力数量与其他非农业生产部门的组成和相互之间的比例关系；在中国可以理解为第一产业与第二、第三产业的组成和比例关系。

此外，因为农业生产部门包括了农业、林业、畜牧业、渔业以及农业服务业五个主要生产部门，所以在对农业产业结构定义时要考虑到农业产业的内部构成。因此，从狭义上来说，农业产业结构是指农业产业的内部结构，它包括：（1）生产结构，指某一地区在某一时间段内农业产业内部的农林牧渔业以及服务业之间的产业关系和比例构成；（2）产品结构，是指同一生产部门中生产的不同产品之间的比例结构和相互关系，如在种植业中的粮食、油料、糖类、蔬菜等；（3）品种结构，是指在农业生产中某一产品的不同种植品种之间的结构，比如小麦种植当中的优质小麦与普通小麦、玉米种植的常规玉米和转基因玉米等。

农业产业结构是中国农业现代化的一个重大战略性问题，关系着农业生产资源的合理配置和农业生产顺利的实现。而农业产业结构的双重性决定了农业产业结构的研究涉及内外部两个研究层次，全面地分析农业产业结构，确保对研究对象有较为深刻和准确的认识，对农业生产发展更加具有指导意义。

第二节　湖北省产业间结构研究

一　增长关系模型建立

假设由各生产部门和技术及制度因素确定的生产函数为：

$$Y = f(X_1, X_2, \cdots, X_n) \tag{1}$$

其中 Y 为总产出，X_i（$i = 1, 2, \cdots, n$）表示第 i 产业部门的产出，A 为技术及制度等因素。对公式生产函数求导可得：

$$Y'_i = \sum_{i=1}^{n} \frac{\partial Y}{\partial X_i} X'_i + \frac{\partial y}{\partial A} A' \tag{2}$$

其中 X'_i 是 X 对时间的导数，变形可得：

$$\frac{Y'_i}{Y} = \sum_{i=1}^{n} \frac{\partial Y}{\partial X_i} \frac{X_i}{Y} \frac{X'_i}{X_i} + \frac{\partial y}{\partial A} \frac{A}{Y} \frac{A'}{A} \tag{3}$$

其中 $\dfrac{Y'_i}{Y}$ 表示总产出的增长率，用字母 z 来表示；$\dfrac{\partial Y}{\partial X_i}\dfrac{X_i}{Y}$ 是第 i 产业

部门的产出弹性，用字母 p_i 表示；$\dfrac{X'_i}{X_i}$ 则是第 i 产业部门的增长率，用字母

g_i 表示；$\dfrac{\partial y}{\partial A}\dfrac{A}{Y}\dfrac{A'}{A}$ 则表示技术和制度等因素对总产出增长的贡献，标记为

g_0；因此，原函数公式可转化为如下回归函数 z 进行分析。

$$z = g_0 + \sum_{i=1}^{n} p_i * g_i \tag{4}$$

二 第一产业、第二产业和第三产业对湖北省经济增长贡献的分析

通过国家统计局网站选取湖北省 1994—2015 年一共 22 年的第一产
业、第二产业和第三产业产值和总产值及分项产值作为回归函数，样本
观测值如表 6—1，对各个样本观测值套用公式：

$$x = \frac{x(t) - x(t-1)}{x(t-1)} \tag{5}$$

计算出各产业的不同年度的增长率；并用回归函数（4）对样本数据
进行回归分析。可得到结果：

$$z = 0.1064\, x_1 + 0.4864\, x_2 + 0.4072\, x_3 - 0.005 \tag{6}$$

对方程（6）进行 F 检验 Significance F = 6.6277E − 296 < 0.05，所以
方程拒绝原假设，存在显著的线性关系。

表 6—1   1994—2015 年湖北省经济产值   （单位：亿元）

年份	总产值	第一产业	第二产业	第三产业
2015	29550.19	3309.84	13503.56	12736.79
2014	27379.22	3176.89	12852.4	11349.93
2013	24791.83	3030.27	11786.64	9974.92
2012	22250.45	2848.77	11193.1	8208.58
2011	19632.26	2569.3	9815.94	7247.02
2010	15967.61	2147	7767.24	6053.37
2009	12961.1	1795.9	6038.08	5127.12
2008	11328.92	1780	5082.07	4466.85

续表

年份	总产值	第一产业	第二产业	第三产业
2007	9333.4	1378	4143.06	3812.34
2006	7617.47	1140.41	3365.08	3111.98
2005	6590.19	1082.13	2852.12	2655.94
2004	5633.24	1020.09	2320.6	2292.55
2003	4757.45	798.35	1956.02	2003.08
2002	4212.82	707	1709.89	1795.93
2001	3880.53	692.17	1574.39	1613.97
2000	3545.39	662.3	1437.38	1445.71
1999	3229.29	653.99	1314.44	1260.86
1998	3114.02	778.22	1199.08	1136.72
1997	2856.47	767.92	1071.86	1016.69
1996	2499.77	716.34	923.68	859.75
1995	2109.38	619.77	780.18	709.43
1994	1700.92	501.44	657.63	541.85

资料来源:《国家统计年鉴》。

通过方程（6）对样本数据的分析结果可知，在湖北省的第一产业、第二产业和第三产业的部门产出弹性依次近似为：0.1064、0.4864 和 0.4072，具体来说就是第一产业、第二产业和第三产业分别实现一个单位的产值增加，会导致总产值分别实现 0.1064、0.4864 和 0.4072 个单位的增加。第一产业、第二产业和第三产业的产值之和是经济总产值，因此第一产业、第二产业和第三产业对湖北省 GDP 增长的贡献比例依次为：10.64%、48.64% 和 40.72%。由此可见，第二产业对湖北省 GDP 的增长贡献最大，其次是第三产业，而以农林牧渔业为主的第一产业对湖北省 GDP 的增长贡献较小，这也基本符合中国改革开放以来快速工业化的发展道路。

在增长率曲线图中，如图 6—1，湖北省 GDP 的增长率曲线与第一产业、第二产业和第三产业的增长率曲线存在着较为明显的曲线变化形态。其中第二、第三产业的增长率变化曲线与湖北省 GDP 增长率变化曲线变化趋势基本相同，而且第二、第三产业增长率曲线多数在湖北省 GDP 增长率曲线上方,增长率高于湖北省 GDP 增长率;而第一产业曲线浮动较大,与湖北省 GDP 增长率曲线变化趋势差别较大,增长率也多低于总产值增长率。

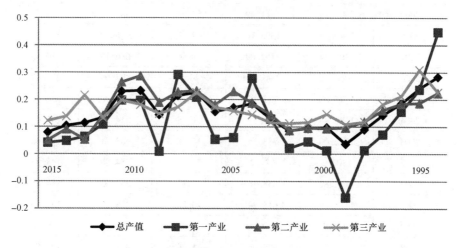

图6—1　湖北省产业增长率曲线

三　农业生产各部门对湖北省农业经济增长贡献的分析

通过国家统计局网站选取湖北省1980—2015 年一共36 年的农业、林业、畜牧业、渔业的产业产值和农林牧渔业总产值作为样本,观测值如表6—2,并对各个参考样本套用公式(5)计算增长率,并套用回归函数(4)进行回归分析,得到结果:

$$z = 0.5023\, x_1 + 0.0237\, x_2 + 0.2751\, x_3 + 0.1505\, x_4 + 23.9343 \qquad (7)$$

对方程进行 F 检验 Significance $F = 1.6749E - 59 < 0.05$,所以方程拒绝原假设,存在显著的线性关系。

表6—2	1980—2015 湖北省农业产值			(单位:亿元)	
年份	总产值	农业	林业	畜牧业	渔业
2015	5728.56	2780.37	180.6	1503.34	922.77
2014	5452.84	2761.67	157.03	1427.7	844.16
2013	5160.56	2678.08	122.01	1395.39	748.4
2012	4732.12	2488.06	100.05	1334.04	626.23
2011	4252.9	2299.3	86.1	1205.8	508.8

续表

年份	总产值	农业	林业	畜牧业	渔业
2010	3502	1921.7	65.4	925	458.6
2009	2985.19	1511.49	57.67	881.78	413.14
2008	2940.47	1395.76	49.69	1008.65	372.98
2007	2296.84	1152.09	41.86	686.19	310.83
2006	1842.2	995.46	40.5	487.09	221.42
2005	1775.58	932.15	37.3	545.4	236.49
2004	1695.44	921.59	31.78	514.52	205.68
2003	1342.09	733.36	34.78	383.71	170.43
2002	1203.3	671.2	28.33	354.84	148.93
2001	1172.82	658.26	27.11	352.63	134.82
2000	1125.64	615.74	40.24	338.77	130.89
1999	1126.1	646	40.9	311.4	127.8
1998	1222.58	688.06	41.29	371.37	121.86
1997	1243.68	711.91	37.33	381.4	113.04
1996	1140.76	670.27	33.62	337.02	99.86
1995	988.53	612.12	28.33	268.09	79.98
1994	786.84	481.82	26.47	219.53	59.01
1993	501.17	301.99	22.39	134.02	42.77
1992	435.42	265.53	17.36	110.37	27.59
1991	405.04	247.01	16.81	102.19	25.06
1990	402.23	252.92	14.15	98.04	23.88
1989	335.04	198.56	11.75	91.47	20.66
1988	297.51	175.12	10.98	80.8	18.83
1987	249.68	160.13	9.97	54.86	14.19
1986	219.1	146.79	8.75	43.86	10.77
1985	192.32	129.61	8.15	39.08	8.18
1984	169.2	123.09	7.54	26.51	4.79
1983	134.09	97.53	7.29	20.05	2.96
1982	128.35	95.32	7.24	17.97	2.12
1981	111.68	82.78	6.47	14.88	1.61
1980	94.95	64.7	7.28	17.29	1.46

资料来源：《国家统计年鉴》。

与此同时对湖北省农业内部各产值进行回归分析，由方程（7）可知，湖北省农业总产值中农业、林业、畜牧业和渔业的部门产出弹性依次分别近似为 0.5023、0.0237、0.2751 和 0.1505；在农业生产中农业、林业、畜牧业、渔业各部门均实现一个单位的产值增加则会带动农业总产值分别实现 0.5023、0.0237、0.2751 和 0.1505 个单位的增加。在农业生产中，农业、林业、畜牧业、渔业的各项产值构成了农业总产值，因此农业、林业、畜牧业和渔业对湖北省农业生产总值的增长贡献依次为 50.23%、2.37%、27.51% 和 15.05%。湖北省地处亚热带季风气候区，全年气温高、降水多，加上长江流经，水系众多，地形多平原、丘陵，适宜水稻种植和淡水养殖，因此湖北省农业生产选择农业和渔业作为优势产业是充分利用资源禀赋的科学规划。

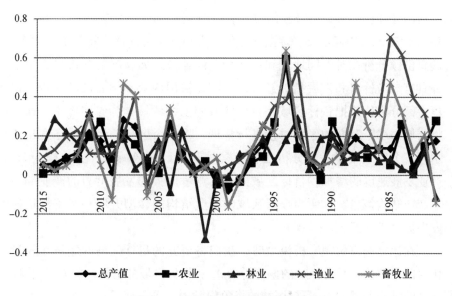

图6—2　湖北省农业内部增长率曲线

如图6—2，在绘制湖北省农业内部各产业产值曲线时，发现渔业的增长率曲线变化趋势与湖北省农业总产值增长率曲线变化趋势基本趋同，但是渔业的增长率曲线多数高于湖北省农业总产值增长率曲线，其对湖北省农业总产值的增长贡献较大。与此同时，农业的增长率与湖北省农业总产值增长率曲线基本相同，对湖北省农业总产值增长的贡献十分稳定。自 2010 年以来,林业的增长率曲线呈现出上升势态,对未来湖北省农业总产值的增加存在一定的潜在推动。

第三节 湖北省区域产业结构变迁研究

一 偏离份额模型建立

在对湖北省区域农业结构的分析中,为了更加详细地分析湖北省以及各地市农业的内部产业的区域结构的状况,我们在这里引入"偏离份额模型"(SSM),通过研究不同地域、不同产业的产出情况,分析地区优势、地区劣势以及行业优势、行业劣势,对湖北省的农业产业结构有更加深入的了解和分析。

偏离份额分析最早是由美国经济学家丹尼尔·克雷默和埃德加·胡佛提出并加以完善,后来被西方学者广泛运用到经济研究当中。20 世纪 80 年代初,我国经济学者逐渐接触偏离份额分析法并逐步将其引入我国,偏离份额分析在对不同地域和不同行业的经济发展状况的分析研究中十分具有参考价值和发展指导意义,也因此被国内众多学者广泛应用。偏离份额分析就是把目标区域和目标区域的上级区域作为参照样本,通过将区域内多个时期的经济总量进行整理,将整个区域的经济动态变化显示为三个有效变量,来分析在所考察时期内目标区域的产业结构变动,产业发展速度的增加,目标区域内最具竞争优势和发展潜力的产业部门等产业结构信息,以便为今后区域内产业结构的转型升级和经济的快速发展提供指导意见。

在建立偏离份额分析模型时,我们将研究的目标区域的经济增长量化为四个部分:目标区域的偏离份额 A_n;目标区域的增长份额 B_n;目标区域的结构份额 C_n;目标区域的竞争份额 D_n,关系如下:

$$A_{nm} = B_{mn} + C_{nm} + D_{mn}$$

$$B_{mn} = E_{mn}(t) \left[\frac{E(t+1)}{E(t)} - 1 \right]$$

$$C_{nm} = E_{mn}(t) \left[\frac{E_m(t+1)}{E_m(t)} - \frac{E(t+1)}{E(t)} \right]$$

$$D_{mn} = E_{mn}(t) \left[\frac{E_{mn}(t+1)}{E_{mn}(t)} - \frac{E_m(t+1)}{E_m(t)} \right] \tag{8}$$

其中，n 表示目标区域（$n=1$，2，3，4，…，n）；m 表示区域内产业类型（$m=1$，2，3，4，…，m）；t 表示研究的时间（$t=1$，2，3，4，…，t）；$E(t)$ 表示 t 时期目标上级区域的区域总产值；$E_m(t)$ 表示 t 时期目标上级区域的 m 产业的区域内生产总值；$E_{mn}(t)$ 表示 t 时期 n 区域的 m 产业的区域内生产总值。B_{mn} 表示目标区域的某类产业的总产值从 t 时期到 $t+1$ 时期因为目标上级区域的总产业产值的增长率增长而导致的目标区域的增长。C_{nm} 表示产业结构份额，是对从 t 时期到 $t+1$ 时期目标区域内 m 类产值的增长与目标上级区域内所有产业的总产值的增长的比较分析，说明 n 区域内 m 产业因为目标上级区域的相对应产业的变化，如果 $P>0$，则说明该区域内 m 产业增长快速，产业结构较好；如果 $P<0$，则反之。D_{mn} 是目标区域的竞争份额，是偏离份额分析中最重要的变量之一，是研究目标区域与目标上级区域从 t 时期到 $t+1$ 时期的 m 类产业的产业竞争优势，如果 $D>0$，则目标区域的 m 类产业竞争优势大于所有目标区域的总体平均水平，极具竞争力；如果 $D<0$，则反之。综上，m 区域的总偏离方程为：

$$A_n = \sum_{n=1}^{n} E_{mn}(t)\left[\frac{E(t+1)}{E(t)}-1\right] + \sum_{n=1}^{n} E_{mn}(t)\left[\frac{E_m(t+1)}{E_m(t)}-\frac{E(t+1)}{E(t)}\right]$$
$$+ \sum_{n=1}^{n} E_{mn}(t)\left[\frac{E_{mn}(t+1)}{E_{mn}(t)}-\frac{E_m(t+1)}{E_m(t)}\right] \tag{9}$$

二　湖北省各地区农业生产发展的增长分析

在对湖北省各地市州的农业发展状况进行分析时，涵盖了湖北省 17 个市州（包括神农架林区），选取了 2011—2016 年《湖北统计年鉴》各州市的农业、林业、畜牧业、渔业以及农业服务业五个农业生产部门的详细生产数据进行了偏离份额模型的分析，如表6—3、6—4、6—5 所示。

表6—3　　　　　湖北省各地市农业总产值的偏离份额分析

地区	增长量（亿元）	增长率（%）	N	P	D	总偏离 G
武汉市	340.16	103.2	248.23	−56.07	148.00	340.16

续表

地区	增长量（亿元）	增长率（%）	N	P	D	总偏离 G
黄石市	62.89	61.6	68.03	-15.15	10.01	62.89
十堰市	149.16	88.8	121.11	-27.44	55.49	149.17
荆州市	208.58	43.1	293.61	-66.10	-18.93	208.58
宜昌市	286.53	71.5	272.39	-61.57	75.71	286.53
襄阳市	272.68	54.2	332.62	-75.67	15.73	272.69
鄂州市	61.10	56.2	68.71	-15.52	7.92	61.10
荆门市	86.35	29.6	172.27	-38.67	-47.25	86.34
孝感市	166.48	46.8	224.03	-50.93	-6.61	166.48
黄冈市	159.73	34.4	274.68	-61.27	-53.68	159.72
咸宁市	114.03	58.1	131.15	-29.47	12.35	114.03
随州市	81.06	45.9	109.11	-24.38	-3.67	81.06
恩施自治州	69.52	36.0	115.17	-25.86	-19.79	69.52
仙桃市	35.79	31.6	68.96	-15.53	-17.64	35.79
天门市	37.52	40.3	56.42	-12.38	-6.52	37.52
潜江市	31.10	33.2	55.61	-12.48	-12.03	31.10
神农架林区	1.35	47.5	1.79	-0.40	-0.04	1.35

资料来源:《湖北统计年鉴》。

通过表 6—3 的数据分析可知：在 2011—2016 年，湖北省 17 个地市州的农业生产总值都呈现出不同程度的增长。其中武汉市增长最为明显，增长率高达 103.2%；其次是十堰市和宜昌市，增长比例分别为 88.8% 和 71.5%；增长率最低的是荆门市，仅为 29.6%；地区中比较特殊的是神农架林区，虽然增长量仅为 1.35 亿元，但是增长率却高达 47.5%，是不折不扣的潜力股。

从表 6—3 中的全省增长份额数据分析来看，襄阳市、荆州市、宜昌市、黄冈市、武汉市、孝感市的农业总产值的快速增长受益于全省 GDP 总量的快速增长。近几年来，湖北省经济的快速发展不断地推动第一产业的发展，反作用于湖北省各地市州的农业发展。但是，从全省的第一产业结构份额上来看，结构份额 P 均小于 0，说明在湖北省经济发展的过程中，各地市州的第一产业、第二产业、第三产业配比不恰当，第一产业（农业）也不是推动各州市经济快速发展的产业部门。从湖北省的产业竞争份额上看，武汉市、黄石市、十堰市、宜昌市、襄阳市、鄂州市、咸宁市在农业发展中具有一定的竞争力，其中以武汉市最为明显，如表6—4。相比较其他州市这几个州市更加适合发展农业产业。从整体上来看，湖北省各市州产业增长两极分化，产业结构和经济增长存在矛盾关系，难以相互作用；从特征分析来看，湖北省正处于经济转型时期，产业结构的日趋合理，不可否认转型时期会引起短暂的经济发展疲软，但改革的"阵痛"必须要承担。

表6—4　　　　　　　　　湖北省各地市州产业增长特点

类型	特征	地市
$P>0$, $D>0$	快速增长型	
$P<0$, $D<0$	增长滞后型	荆州市、荆门市、孝感市、黄冈市、随州市、恩施自治州、仙桃市、天门市、潜江市、神农架林区
$P>0$, $D<0$	因素推动型	
$P<0$, $D>0$	结构推动型	武汉市、黄石市、十堰市、宜昌市、襄阳市、鄂州市、咸宁市

在表6—4中，通过偏离份额分析详细分析湖北省17个州市在农业（种植业）、林业、畜牧业、渔业以及农业服务业方面的发展状况。在2011—2016年，种植业、畜牧业和渔业是湖北省各州市农业产业结构中的支柱产业；林业一直表现平平，没有较大的发展；农业服务业近年来发展迅速，潜力巨大。

从种植业角度来分析，增长份额较大，种植业是各州市农业生产的重要部分，其中以武汉市、宜昌市、襄阳市、黄冈市最为明显；但是湖北省各州市的种植业结构份额均小于零，充分说明湖北省各州市种植业比重过大，导致农业产业结构不合理；各州市的种植业竞争份额有正有负，受到一定种植规模大小的影响，因此在调整湖北省农业结构时应考虑当地禀赋条件，适度调整种植业规模，逐步实现区域内农业产业结构的优化。

从林业角度来看，林业的发展状况一般，在农业总产值中的贡献比例较小。早在 2014 年，湖北省委、省政府出台《关于加快推进绿满荆楚行动的决定》，计划用 3 年时间实现全省绿色全覆盖，2017 年是完成年，全省实现新增林地面积 56.84 万公顷以上，森林覆盖率达到 40.5%，森林蓄积量达到 3.2 亿立方米，林地保有量达到 860.67 万公顷。湖北省受地理环境和历史因素影响，在林业生产中不占优势，但是实现农业产业结构的合理就必须加快林地建设，特别是在有自然条件优势的地区，比如黄石市、神农架林区拥有得天独厚的自然优势，而且在竞争份额中远远高于全省平均水平，因此可因地制宜发展林业，推动林业生产的发展。

畜牧业同种植业一样，是湖北省各州市的农业生产部门中的重要组成部分，在各地区农业生产发展中起着一定的推动作用，其中襄阳市、宜昌市、孝感市最为明显。但是从结构份额上来看，畜牧业同其他内部产业之间的比例不协调导致了产业结构的不合理，因此在农业产业结构调整中应根据各州市的竞争因地制宜发展农业生产。

渔业是近年来发展最为迅速的农业生产部门之一，从偏离份额数据中来看，各州市的渔业增长都呈快速发展状态，而且渔业结构也正逐步趋于合理，但是在竞争份额中各州市基本都小于零。湖北省水系众多适合发展淡水养殖，如何提高渔业的竞争力将是未来湖北省农业发展的课题之一。

农业服务业部门是最近几年成长出来的部门，凭借其迅速发展逐步在农业生产中博得一席之地。但是，农业服务业的发展也是需要条件的，武汉市凭借省会的经济和区位优势，无论在农业服务业务增长发展还是竞争中都具有优势，而各州市在这两个方面表现一般，还需要不断提高各地区农业服务业的竞争力来推动农业服务业在农业生产中发挥更大的作用。

第四节　优化产业结构，促进湖北农业发展的建议

一　湖北省农业产业结构状况

通过对湖北省第一产业、第二产业和第三产业以及对第一产业内部

的农业生产部门的分析，湖北省目前的产业结构是以第二产业为主，第三产业快速发展，第一产业有衰落趋势；而在第一产业内部部门的发展中，种植业比重过大，畜牧业生产呈现衰退趋势，而渔业和农业服务业部门则逐步发展壮大，林业生产没有太大的变化。因此从目前研究来看，湖北省产业结构调整处在中期，而且农业产业结构不合理正处在调整初期。

在对湖北省 17 个市州地区进行农业内部生产部门的发展进行偏离份额分析后，认为湖北省各州市农业产业结构两极分化严重，产业结构和产值增长有所矛盾，地域化差异明显，其具体表现为：各地区种植业比重大；渔业生产受到畜牧业的挤占；农业服务业、林业过分集中，空间结构不合理，受区位因素影响明显。因此，改革开放 40 年来，湖北省的农业产业结构经历了快速发展时期，目前正处在改革的"阵痛"时期，需要坚定地推动改革升级，实现农业经济发展质的飞跃。

二　优化产业结构的建议

1. 建立完善的政策支持体系。推动产业结构的优化升级，手段是改革，执行者是政府，因此，政府要做好农业产业结构升级前、升级中、升级后的政策准备，坚定改革的信念，做好升级前的宣传引导，升级改革中的帮扶支持，升级改革后的规范管理，从始至终政府都要做好改革的领头羊和推动者，加快湖北省农业产业结构升级，为湖北省农业产业结构升级提供良好的政治环境。

2. 建立快速高效的金融服务机制。农业产业结构升级调整离不开资金的支持，通过建立快速有效的金融机制，为农业产业升级提供充足的发展资金，解决农业产业升级中的"缺资金""信贷难"的问题，加快湖北省农业产业结构的优化升级。

3. 建立长期有效的风险防范机制，近年来我国保险行业发展迅速，农业保险也被广泛推广和使用，有效地降低农业生产中的不确定风险。而在农业产业结构升级中，各行业都要面临风险问题，尤其是农民，因此建立以保险公司为基础、政府监管的风险防范机制势在必行。

4. 把提高农产品质量放在产业结构升级的首位，改良生产品种，严格生产过程，重视生产质量。农业产业结构调整的目的是提质增量，而在源头上对农产品的品质和数量进行严格把控，以此加快产业结构调整。

5. 大力发展绿色农业、生态农业，因地制宜发展多样化农业。农业产业结构调整在升级的同时实现类型的升级和样式的多样化，以满足市场需求为导向，加快农业生产和市场消费的对接，以市场需求的角度倒逼农业产业结构升级。

6. 大力发展"互联网农业"，互联网信息技术是 21 世纪发展的关键。随着我国互联网行业的迅速发展，互联网已经进入各行各业并给行业带来无限的发展可能；也进入每个人的生活，深刻地改变人们的生活方式。因此，在农业产业结构升级中需要发挥互联网的作用，将农业与互联网相联系，实现信息的对称沟通，以互联网推动湖北省农业产业结构的优化升级。

第 七 章

湖北省农业发展面临的挑战

改革开放以来，湖北省农业在飞速发展的同时，也面临严峻的挑战。这种挑战既有国际市场环境的冲击，也有国内兄弟省份的竞争；既有外部环境的变化，也有内部能力的不足；既有农业要素方面的影响，也有环境方面的压力。本书从国际竞争环境、国内竞争压力、省内资源环境三个维度阐述了湖北省农业过去、现在、未来所面临的挑战。

第一节 国际竞争带来的挑战

一 国际农产品贸易市场竞争激烈

中国农产品面临激烈的国际贸易市场竞争，其中最突出地表现为国际国内农产品价格倒挂。

20 世纪 90 年代前后，国内粮食价格在"双轨"体制下形成，部分品种就曾高于国际市场价格。进入 21 世纪以后，国内外粮食价差有所缩小。随着 2004 年我国粮食市场的全面放开，特别是 2006 年我国"入世"过渡期结束，粮食国内外价格倒挂开始持续，由部分品种倒挂转向全面倒挂。21 世纪以来，猪肉、小麦、食糖、棉花国内外价格陆续开始倒挂。2013 年 7 月，大米、玉米国内价格开始持续高于配额内进口到岸税后价。2014 年以来，粮、棉、油、糖、肉等主要农产品呈现全面倒挂态势，其中大米、小麦、玉米三大谷物 2014 年 11 月价差分别高达每公斤 1.08 元、0.58 元、0.52 元。2015—2017 年，全球多数农产品产量市场供给充足，同时全球经济复苏缓慢，能源等大宗产品价格处于低位，农产品食物需求和工业需求增长都较为缓慢，国内外农产品价格倒挂仍在持续,并有所扩大。

湖北省作为国内农业生产大省之一,在国际农产品市场价格约束下,顶住国际竞争压力调整本省农产品市场价格是当前面临的严峻问题。

二 2008 年国际金融危机影响持续

世界经济复苏速度较慢,2017 年 9 月开始,大宗农产品价格大幅下跌,相比 8 月而言,谷物、大豆、豆油价格环比下跌 10%。而中国因机械化水平和劳动力成本的提高,农产品成本上升幅度较大。

中国"入世"之初,对一些重要农产品特殊承诺了进口关税配额,实行高低关税制度,规定数值以下使用低关税,超过规定数值将实行高关税。在承诺中,小麦进口关税配额为 963.6 万吨,玉米进口关税配额为 700 万吨,大米进口配额为 266 万吨,籼米和粳米 266 万吨,三类农产品采取低关税税额为 1%,高关税税额为 65%;棉花进口配额为 89.4 万吨,配额内低关税税额为 1%,配额外高关税税额为 40%;食糖进口配额 194.5 万吨,配额内低关税税额为 15%,配额外高关税税额为 50%。2017 年,只有棉花和食糖超过了最低关税配额,其他小麦、大米、玉米进口量均没有超过最低关税配额,意味着这三种粮食进口税额基本为 1%。从近年的进口量来看,在进口关税配额限定范围内,进口农产品依旧低关税。

2017 年,小麦最低收购价格已上涨至每斤 1.1—1.2 元,稻谷最低收购价格上涨至每斤 1.33—1.55 元,小麦价格提高了 59.42%—66.67%,稻谷价格提高了 90.00%—106.67%。① 这个数字充分体现了中国部分农产品价格已经顶到了国际市场价格的"天花板"。

湖北省粮食价格受 WTO 关税配额影响,粮食价格并不具备市场竞争力,价格向上波动的可能性不大,无法达到农民预期要求。如何突破这一价格壁垒,制定合理的农业保护政策,依然需要面对 WTO 关税配额带来的严峻挑战。

---

① 由陈锡文在"西北农林科技大学的讲话"整理而来。

三　中国面临着 WTO 成员挑战

（一）WTO 规则约束着中国对自己农业的支持和保护

中国同样承诺遵守 WTO 成员的相关规定，中国农业微量许可补贴为8.5%，意味着中国对农业的全部补贴不能超过农业生产总值的 8.5%；对粮、棉、油、糖中的每一种农产品补贴数量不能超过该品种本身生产总值的 8.5%。然而中国近年来对谷物大豆方面的补贴基本接近 8.5%，对棉花的补贴已达棉花生产总值的 8.5% 上限，WTO 规则约束着中国对自己农业的支持和保护，进一步增加补贴的空间不大。

（二）WTO 补贴政策中绿箱补贴政策难以充分发挥作用

8.5% 的棉花补贴标准即黄箱补贴，2016 年中国 GDP 总量为 56 万亿元，农业 GDP 占整体 GDP 的 10%。农业生产总值在 WTO 标准计算中不包含林业和渔业，减去这两部分之后累计农业生产总值低于 5 万亿元。为了将绿箱补贴政策与黄箱补贴政策良好结合，中国将粮食补贴调整为种粮补贴、良种补贴、农机补贴、农业生产资料价格综合补贴四种，其目的是增加农业补贴，为农民分担农产品价格压力。绿箱补贴政策没有补贴限制，常用的绿箱补贴政策是把对农产品的价格补贴转化为农民的收入补贴，其目的是把补贴从价格中分离出来，让供求市场来决定价格。目前，中国新疆的棉花和东北的大豆都实行了目标价格补贴，做法是政府直接补贴农民一手价格和目标价格之间的差额。湖北以水稻和油菜为主，享受该项补贴政策并不明显。从国际角度出发，其他国家更希望中国限制价格补贴，从而打开中国市场，这种想法将会给中国制造一定的内部农业市场竞争压力。在经济高速增长的时期，中国农业补贴额不断上升，随着经济新常态发展，中国经济增长速度减缓，过去的农业补贴额将会随之变化，这将导致中国农业保护制度面临着新的调整，绿箱政策的调整将面临新的挑战。如何应对 WTO 规则，调整湖北农业保护政策也成为湖北省农业持续健康发展所面临的挑战。

第二节　国内竞争压力形成新的挑战

湖北省 GDP 排名全国第十，依然存在农业科技投入很低、农业财政支出占财政总支出比例下降、农业基础设施建设薄弱、农业信息化滞后、农业科技推广能力较差等现状，基础条件受到约束，表现在科技进步贡献率、农业劳动生产率、农机化程度方面。农业机械化水平在 8 个农业省份中排名第 5 位，存在农业机械化普及率偏低，耕、种、收综合机械化水平排全国第 22 位，农产品加工率低于 30%。相比全国省部联动力而言，湖北省与国家有关部委的联动程度不够，多项与国家有关部门相关指标排名靠后。当前，湖北省农业现代化发展依然存在多重弊端，为今后农业现代化发展带来了新的挑战，具体体现在以下方面。

一 农业科技方面

(一) 农业科技成果转换机制不完善

在生产领域、学校及科研单位合作机制方面，湖北省高校、科研院所与省内企业之间的合作机制尚未成熟，技术未能得到有效推广和利用。第一，在农业机制融合方面，许多高校、科研单位成功地与省外企业合作，技术效率在省外得到有效转化，但是在湖北省省内转化科研成果动力不足；转换成效不佳，技术供给、需求、投资、技术转移服务等机构之间协作机制不完善；大、中、小型企业之间没有发挥各自优势，未能找到融合交叉点，分工体系仍然处于混乱阶段。第二，在农业科技成果转化方面，没有健全的组织系统推进科技成果转化，各类参与主体之间未能建立良好的沟通协作目标，经费投入不足，制约了农技推广部门，出现人员素质偏低、服务范围狭窄、信息化传播梗阻等现象，阻碍了湖北省农业科技成果转移及推广应用。

企业在创新主体中主导地位不明确。湖北省科技创新扶持力量主要投入高校和科研院所，农业企业在创新主体中的地位并未得到重视，缺乏人力、财力、物力支持，以致省内农业企业发展相对滞后，农业企业需要投入大量劳动力和技术资本才能维持企业正常运转。由于投入量限制，自主创新往往心有余而力不足，企业生产面临风险大、成本高、周期长等困难。国际经验认为，科技研发投入占销售收入额的比重达到 5% 的企业可认定为具有核心竞争力，而在湖北省农业重点龙头企业中，能达到此标准的不足 30%，其他规模一般的企业基本不具备核心竞争力。

（二）技术转移链接体系不健全

高校及科研院所农业的科技成果未能够得到有效转移。间接性服务体系的链接作用未能充分发挥，须重视间接性服务体系建设，进一步完善间接性服务体系。许多中小企业依然存在技术指导模糊现象，未能把握本企业的技术动向，一直被怎样接受新技术、接受何种技术等问题困扰。此时，间接性服务体系便能发挥建立、传达和解释技术成果的作用。从湖北省的间接性服务体系现状来看，普通间接性机构规模偏小、可信度和品牌效用低下、没有成熟的信息系统，对需求方的信息掌握不全。数据显示，湖北省内注册资金在 100 万元以下的间接性中介机构占比达90%，全省间接性中介机构从业人员总计 5200 余人，人员规模在 50 人以下的占90%，普遍存在小规模作业，许多机构未能行使真正意义上的科技成果传达作用。小规模中介机构由于受自身知名度的局限，未能成功与高校及科研院所达成有效合作，阻碍了小型间接性中介机构业务拓展，进一步良好地探索市场规律。目前，湖北省产学研合作、科技孵化、转移转化等"多主体、多层次"运作系统尚未建成，依然缺乏全面、权威、系统、开放的技术转移交易平台。

（三）农业科技创新目标不统一，资源配置不合理

1. 科技创新目标方面

湖北省农业科技实力不强、创新力量分散、创新能力不足。以种业为例，湖北省对种业发展重视度不够，大部分种子依靠省外引进和国外进口，农业种业发展速度缓慢。第一，种子生产企业核心竞争力不强。省内种植企业普遍规模小、生产基地分散、种子质量差、抵抗风险能力弱、市场占有率低、核心竞争力不强。虽然科研机构重视种子研发力度，但是种子生产企业自身的研发能力较弱，面对种子市场的激烈竞争，许多种子生产企业无招架之功，也无还手之力。种子企业之间竞争激烈，但不合理竞争现象频发，非正规竞争手段不但不能促进种业进步，反而阻碍着种业的健康发展。第二，种业科研体制混乱。湖北省大多数市县尚未建立商业化育种体制，种业扶持力度偏移，农业院校、科研单位成为育种研发的主力，企业自主研发的能力受限，资金扶持短缺，种子企业无法扩大规模和加大人力、物力投入，种子科研与市场脱节，插花种植、套购现象普遍存在；种子生产质量把控和监管措施落实

难度大，企业创新能力难以提升，重大突破性新品种创新难度相当大，育种成果市场认可度低；企业中的研发部门形同虚设，没能良好发挥科研作用，对接研发单位能力有限，掌握信息滞后，新技术往往不能及时得到推广和运用，种业发展策略面临新的考验。第三，监管部门监督机制不完善，监管力度不够，监管队伍年龄偏大、掌握技术落后、素质参差不齐，未能及时、有效地发挥监管作用，对种业健康发展产生了很大影响。

中国大部分农业科研院所及高校缺乏清晰、明确的科技创新目标，创新导向往往四处开花或偏安一隅；业内研究人员研究方向分散、研究力量不强、缺乏重大科技创新，大多数科研人员未能真正结合实践发挥理论效用。农业高校、科研单位和企业之间存在跨管理部门关系，各自出发点不同，创新方向不一致，制约了相互之间的融合力度，尚未形成协同一致的聚焦和攻克国家、地方、行业等共性关键问题的合作机制。

2. 资源配置方面

湖北省财政投入企业的科研经费较少，大多数都配置到农业大学、农业科学院等高校及科研单位；人力资源分布不均，武汉、襄阳、宜昌等中心城市集中了大部分人力资源，其他地市仅有数量较少、质量偏低的农业科技研发人员。虽然农业科研领域集中了大量的人力、财力、物力，但是成果转化、产业化发展、技术转移等环节资源配置较少。资源配置的结构性失衡，导致农业科技创新区域分布不合理，创新投入偏移现象严重，武汉市、襄阳市、宜昌市的农业科技创新指数超出了湖北省平均水平，而其他市县科技创新继续停滞不前，在科技进步、创新型企业数量等方面并没有明显增加，企业发展地域性失衡。

（四）农业科技成果转化配套政策不先进

随着社会发展，部分陈旧的政策、措施已经不再适用于当前农业科技创新发展，反而制约着新型科技政策发挥效果。例如，一系列关于人才流动、股权分红、成果转让、税收优惠等配套政策不适宜当前发展现状，一定程度上制约着创新改革推进。政府对一般中小企业新技术、新产品、新工艺方面的经费扶持力度不够，由于申报门槛高、条件苛刻、周期长、资金拨付环节复杂，影响着部分企业特别是中小企业的申报积极性；农业科技成果评价机制尚未完善，奖惩制度不明确，成果实用性推广未得到有效重视；在知识产权保护方面，对侵犯知识产权行为的打击力度有待加强，知识产权保护意识不强，一定程度上削弱了农业科技工作人员的创新热情和成果转化效用。

（五）湖北省农业"互联网＋"发展存在问题

2014 年以来，湖北省农业"互联网＋"发展迅猛，各年成绩明显，为全省农产品生产经营提供了有效渠道，打开了农产品销售外部市场，加快了消费者了解产品信息的速度，缩短了生产者与消费者之间的距离，大力开发物流资源，带动各项产业共同发展，推动产业链快速完善。但与发达国家相比，整体格局仍处于初级阶段。各环节力量分散化、投入小规模化、成果碎片化，湖北省想要高速发展农业"互联网＋"，还需面临艰苦、长期的实践考验。湖北省农业"互联网＋"发展依然存在不成熟性，具体表现在几个方面。

1. 生鲜物流成本较高

湖北省依托长江优势，曾经被称为"千湖之省"，水产品养殖业也相对快速发展。现代化农业刺激多种技术开发，融合多种产业形成多条产业链，"稻虾连作""鱼藕共生"等模式加快了水产养殖业与种植业融合发展的新模式，生鲜农产品得到了快速发展。然而淡水产品蛋白质含量高、易腐蚀，需全程无菌冷链运输才能保证商品品质，因此生鲜运输条件受到了制约。湖北省目前尚未形成专业化、智能化全程物流系统，普通运输公司不具备冷链运输功能，如果需要进一步保持产品质量，必须支付各种高额的处理费和运输费，增加了商户运输成本，进一步影响了农产品外部市场的竞争力。如何降低物流运输成本，开发农产品外部市场，成了湖北省农产品电商发展的一大难题。

2. 城乡产品标准

农产品想要通过电商渠道推广，必须满足食品生产许可、食品经营许可等相关规定。但是对农产品要求越多，农户需要投入的成本就越高，进一步降低了农民积极性，只有规模相对较大的企业才有意向去接受标准化生产。城乡产品之间相互进入对方市场的标准不同，湖北省工业品下乡推动力度大、企业积极性高；而农产品进城约束条件多、企业积极性低，销售渠道单一，产销体系不完善。

3. 安全监管能力不足，平台监管缺位

湖北省乡镇农产品原产地缺乏质检能力，农产品质量安全缺乏保障。2015 年 10 月，国家实施了新的食品安全法，对入网食品经营者的资质、第三方平台提供者监督、赔付等作了相关规定，明确了网络食品交易第三方平台对平台上卖家的监督作用。但是，依然存在监督不严、监督缺位等现象，政策实施难度较大。湖北省推动农村电商发展的模式基本上为"县里一个运营中心、乡里一个服务站、村里一批服务网点、一个物流配送体系"。政府存在多头管理，精力不集中，一个部门管理商务、农业、供销、邮政、交通运输等多个领域，造成力量分散，资源浪费。

4. 依然面临"最后一公里"的挑战

李克强总理提出"让村里人享受和城里人同等的消费服务"，现阶段农村物流的"最后一公里"基本上只能实现村级服务点覆盖，商品能够快速送达服务点。从实际运行来看，目前没有哪个物流公司凭借自己力量打通"最后一公里"并实现盈利，依然需要依靠电商巨头和政府补贴来维持正常运营。"最后一公里"存在的难题有农产品生产分散、农业附加值低、品类复杂繁多、标准化程度不够、品牌信誉度差、流通环节过长、产业链条较短等等，供需链之间严重割裂，冷链物流缺乏，保鲜技术、储存能力、配送等方面存在差距，导致成本过高，影响网络交易市场发展。

图 7—1 和图 7—2 是根据中国互联网络信息中心发布的 2015 年最新数据整理而得，分别对城镇与农村互联网普及率和网民规模进行了比较。图中趋势可以看出，包括湖北省在内的全国城镇与农村的互联网普及力度和网民数量都在上升，但是农村互联网普及率和网民数量远远低于城镇，且差距在逐渐拉大。城镇互联网普及率和网民数量增幅较大，而农村互联网普及率和网民数量增幅较小。2015 年，农村互联网普及率相比城市互联网普及率低 34.2%，农村网民数量仅为网民总数的28.4%。农村互联网发展速度较慢且影响着农村农产品物流的发展，城乡市场竞争力悬殊。

图 7—1　2007—2015 年全国城镇与农村互联网普及率比较

资料来源：中国互联网络信息中心：《2015 年农村互联网发展状况研究报告》。

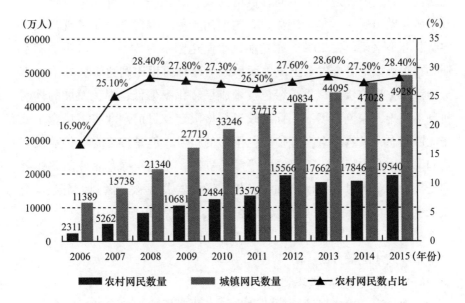

图 7—2　2006—2015 年全国城乡网民规模情况对比

资料来源：中国互联网络信息中心：《2015 年农村互联网发展状况研究报告》。

5. 互联网创新能力不强

中国物联网水平与发达国家差距较大。绝大部分中高端传感器需从国外进口，90%的芯片从国外进口，传感器技术发展水平落后于发达国家10—15年；互联网产业过度依赖国外专利、产品、解决方案等，导致农业物联网应用市场隐藏着一定风险。

（六）绿色发展理念缺失

湖北省地处中国中部地区，绿色发展有较好的物质基础和地理条件，但资源相对不足、人口基数大、生态环境脆弱等硬件因素，成了绿色发展需要面对的长久性挑战。与全国各省相比，湖北省绿色发展水平还相对落后，工业化迅速发展带来了许多环境资源方面问题。湖北省现处于工业化中期阶段，工业化水平的提升必然造成资源环境的负面压力，全省年均酸雨频率为27.6%，27个城市监测中心共有12个城市检测出酸雨，全省出现酸雨城市的比例为44.4%，12个城市年均降水 pH 酸碱度低于5.6，部分水域严重污染，长江、汉江部分直流，如府河、内荆河、唐白河、竹皮河等遭到了不同程度的污染。据调查，三峡水库支流、汉江下游频繁出现"水华"现象，省内湖泊受氮、磷污染开始呈现富氧化趋势，Ⅱ类水质仅占20%，水功能区水质达标率为54.7%，城市内湖水质均在Ⅳ级以下。全省水土流失面积占土地总面积比例达30%左右，部分地区水土流失较为严重；绿色技术成果转化率偏低；绿色发展的体制机制不完善，绿色市场准入标准缺乏严格限定，目前湖北省市场竞争处于无序状态，虽然一直在宣传绿色生产的口号，但是许多企业仍然没有达到绿色生产的标准，不仅消耗了绿色资源，还使得绿色企业的整体形象受损，为未来绿色发展增加了负担；绿色发展理念不深刻，企业及个人绿色发展意识不强，绿色发展动力不足，保护意识薄弱。

二 人才配备方面

（一）农业人才队伍缺乏

人才是第一战略资源，科技进步与人才队伍建设息息相关，高层次人才更是技术进步的核心力量，提高一个地区的综合竞争力，高层次人才地位举足轻重。习近平总书记在全国科技创新大会、两院院士大会、中国科协第九次全国代表大会上讲话指出："我们要深入贯彻新发展理念，深入实施科教兴国战略和人才强国战略，深入实施创新驱动发展战略。"湖北省委、省政府高度重视高层次人才队伍建设，大力推进全省农业和农村经济持续、快速、稳定发展。但是新形势下的湖北省农业高层次人才队伍建设依然伴随新情况、新问题、新挑战。

（二）农业高层次人才总量不大，占比不高

据农业部《中国农业统计资料（2014）》数据显示，湖北省具有高级职称的农业科研人员总量相对较少，高级职称人才总计427人，与周边省份相比，相对湖南省少31人，相对河南省少48人，明显低于广东、江苏、浙江、山东等沿海发达省份。2015年，湖北省8家主要农业科研院所农业科研人员中，有正高职称的共123人，副高职称304人，仅占科研人员总数的12.05%和29.78%。湖北省农业科研人员中，高学历人才比例偏低，具有研究生学历的农业科研人才比例低于全国平均值的3.8%，全国排名仅为第12位，在全国农业大省之中排名相对落后。2015年湖北省农业科学院和7个市州农科院（所）人才分布为博士127人，硕士409人，仅占农业科研人员总数6.52%和21.01%，高学历占比相对较低。

（三）农业高层次人才分布不均，增长速度缓慢

湖北省高层次农业科技人才区域分布不均匀，大部分集中在武汉市以内，其他市州科研院所分布人数较少，区域分布明显失衡。湖北省农业科学院、武汉市农业科学院占有高层次农业科技人才数量相对较多，增长速度相对较快。2010年以来，武汉市高层次农业科技人才由223人增加到416人，其他6家市州农科院（所）高层次农业科技人才总数相加仅由35人增加至120人，仅增加85人，其中恩施农业科学院仅有1—2名自己培养的博士。2010年湖北省8家农业科研院所高级职称人数为364人，截至2015年全省8家农业科研院所高级职称人数为427人，5年的时间增长率仅为17.3%，年均增长人数不到13人。面对如此严峻的人才队伍发展形势，如何扩大高层次农业科技人才队伍将成为湖北省面临的一大挑战。

（四）农业高层次人才结构不合理，高端引领作用未充分发挥

湖北省农业科研高层次人才年龄结构不优，高级职称农业科研人才年龄普遍偏高，年轻人才力量较弱。具备高级职称的农业科研人才中，50岁以上科研人员占37.9%，45—50岁占38.3%，45岁以上占比

76.2%，45 岁以下仅占 23.8%，30 岁以下占比为 0；中青年高级职称比例严重偏低；硕士以上学历中，45 岁以上占比 15.6%，45 岁以下占比 84.4%。综合以上数字得出 45 岁以上科研人员学历普遍偏低，某种程度上制约着科研创新力度。

由于体制、机制多方面原因，湖北省农业科研高层次人才高端引领作用未得到充分发挥，在全国省级农业科学院中，湖南、江西、江苏、福建、新疆等省市均有"两院院士"，分布于水稻、小麦、西甜瓜等种植科研领域。湖北省作为农业科技省和农业大省，仅有武汉市农业科学院蔬菜学科专家入围中国工程院院士第一轮评选范围，至今尚无人入选两院院士。

三 组织化程度和市场化程度偏低

湖北省重视农业生产，重视农业体制调整，但农业生产的组织化程度依然偏低，农业组织化程度、市场化程度关系着农业生产成本的变化。党的十八届三中全会强调推进农业体制改革，包括组织化程度、市场化程度、农业经营体制创新等方面。全国各省份都在大力推进农业生产体制改革，此环节湖北省也面临着诸多困难。本省农产品缺少价格优势，缺乏市场竞争力，农业生产率有待提高，有学者提出应当注重规模效应，通过土地流转，集中规模经营提高农业生产率。目前，湖北省许多农民专业合作社和企业统一流转农户手中的分散土地后集中经营，虽然生产效率提高了，但是大量接受土地流转的农民也面临着失业，形成了大量的农村富余劳动力。如果不能有效地将农村富余劳动力转移至第二、第三产业，将会带来许多负面问题。因此，进一步调整和发展第二、第三产业成为解决农村劳动力失业问题的主要方向。不仅需要思考如何提高农业生产力，而且需要考虑如何解决农民的失业问题。

第三节　湖北省自身资源约束面临着挑战

一 农产品市场竞争力不强

农产品生产与加工衔接不够，深加工技术投入指数偏低，加工能力较弱，农产品食用口感有待提高，精包装设计思路平凡，产业链条短，农业附加值偏低，品牌效应不显著，名牌产品较少，农产品知名度一般，影响了农产品销售量和销售额。

二　农业产业体系结构不优

农产品市场方面，产业结构、产品结构和区域结构调整方向不当，以致三者结构失衡。农产品品质、包装、品牌达不到一定的高度，外销市场难度偏大，促使农产品市场走低的现象发生，无法满足农产品价格需求；受消费渠道约束，农产品滞留现象频频发生；农业产量不断升高，但产值逐渐减少，农民增产不增收。

湖北省是粮食主产省，稻谷在粮食品种中占比 70%。2015 年湖北省粮食总产量创历史新高，但产值并不理想，农产品市场收购价格低迷，虽然产量增加了，但农民收入却未改变。第一，棉花种植效益大幅下降，湖北省是全国四大产棉省之一，2014 年棉花临时收储政策取消，棉花市场走向价格低迷阶段，籽棉均价从 7.60 元/千克跌至 5.60 元/千克，跌幅近 30%，农民收益持续下滑，受进口棉冲击，国产棉出现销售停滞现象，农户和企业手中的棉花难以销售，打击了棉农棉商积极性，种植棉花面积逐年萎缩。2016 年湖北省棉花意向种植面积 24 万公顷，创 40 年来的新低，比 2008 年（近 10 年来的棉花种植面积最高年份）减少 30.27 万公顷。第二，油菜收益大幅下滑，湖北省油菜总产量连续 18 年居全国第一，油菜种植面积保持在约 120 万公顷。但 2015 年受国家取消油菜籽临时收储政策影响，湖北省油菜种植收益大幅下滑至 868.80 元/公顷，同比下滑 71.90%。种植效益下降，倒逼油菜产业向多功能性发展，如青贮油菜，但是附加产业处于初级阶段，发展不成熟，依然有很长的路要走。

三　农产品生产经营成本与收益面临挑战

"十二五"期间，农民来自农业的收益变化明显，亩均产值上升，但亩均收益下降。2016 年粮食每亩平均产值比 2015 年下降了 0.2%，每亩平均成本却上涨了 4%。其中，农产品物资投入费用上涨了 2.1%，每亩平均利润率下降 2.4%。受成本上涨条件制约，农民纯收益增长难度相当大。劳动力成本也随之上升，人均每日平均成本可达 100—200 元，劳动力成本的提高制约着劳动力投入的数量，劳动力投入数量降低间接影响农业生产率的提高。农民的收入结构出现了明显变化,2012 年全国农民的人均纯收入为 7917 元,其中工资性收入占比 43.6%,家庭经营性收入占比 44.6%,工资性收入与家庭经营性收入基本持平。2013 年农民人均纯收入为 7818 元,工资性收入占比 45.3%,家庭经营性收入占比 42.6%,农民务工工资性收入已经超过了家庭经营性收入。2016 年农民人均纯收入为 8896 元,工资性收入占比较大。农民务工的工资性收入超过了家庭经营性收入,证明了农村劳动力转移至其他性质务工的人数越来越多。在农民家庭纯收入来源所占比例中,种植业占比呈下降趋势,2012 年农民从种植业所获得的收入占家庭纯收入的 26.6%。2016 年农民从种植业所获得的收入占家庭纯收入的 24.6%,相比 2012 年下降了 2%。来自种植业的收入不到家庭纯收入的 1/4。农村劳动力投入种植业的积极性越来越低,转移到第二、第三产业的积极性越来越高。

随着全国生活水平提高,生产经营成本不断上升。湖北省的农民种田成本不断上浮,农业补贴政策对农民种田的吸引力明显下降,有些村庄出现荒田局面。农民已经放弃通过农业生产渠道获取收益,部分相对落后的村庄荒田面积较大。农业补贴与农业成本不成正比,相对规模的大小决定着补贴的多少,规模越大,受政府重视程度越大,获取补贴的渠道越多;规模相对较小的农户,不仅获取补贴数量较少,甚至有些农户无法获得农业补贴,以致小规模生产率越来越低,出现撂荒现象。湖北省农业用工成本、基础设施建设成本、技术需求成本等要素投入成本总和依然居高,受资源环境约束影响,农业社会化服务体系发展速度缓慢,规模经营发展效率低下,农产品成本与收益不成正比。经济上行趋势不明显,农民农业生产收入增长幅度较低,影响农民劳动积极性,间接性降低生产效率。从农民角度来看,完全依赖农业增收势头下行,近年农业受灾严重,农民经营性收入普遍下降,虽然获得了政府的政策助农优待,但是政策助农增收的边际效应却呈下行趋势,许多农民试图踏入其他行业,农村劳动力数量逐渐减少,不利于农业生产活动。

四 农业与其他产业融合机制不全

近年来,国家对第一产业、第二产业和第三产业的发展扶持力度较大,重视产业链之间的协调发展。城镇第一产业、第二产业和第三产业共同发展趋势明显。湖北省在供给侧结构性改革的背景下，也在不断推进农村第一产业、第二产业、第三产业融合发展，农产品加工产值达1.5万亿元，与农业产值之比为2.5∶1。但农村第一产业、第二产业和第三产业融合仍处于初级阶段，融合进展慢、融合适应性差、融合难度大。第一产业、第二产业和第三产业融合度不高，促使农民丢失第一产业工作后无法迅速找到合适的、更好的第二、第三产业就业，造成农村劳动力资源浪费。新型经营主体没能充分发挥优势，新型技术推广力度不够，新型职业农民数量较少。

五　湖北省生态资源面临挑战

（一）生态环境系统压力

改革开放初期，粮食短缺是新中国所面临的问题。为提高农业生产率，农药、化肥、塑料薄膜等生产要素过量投入，土壤开垦过度，农业生态环境破坏程度前所未有。短期内虽解决了粮食供需平衡，但面临着土壤毒化、农业面积污染加剧、土地荒漠化、地下水资源超采、水土流失严重等问题，农业生态环境的破坏直接影响着未来粮食生产安全。虽然近年来中国农业得到了迅速发展，粮食增产创收的方式使粮食供需短期内达到相对平衡。但从长远来看，粮食的增产是以农业生态环境的破坏为代价的。

湖北省耕地面积320.22万公顷，其中水田占60%，粮食生产占农业生产的主要部分，所生产的粮食不仅供应省内消费，而且供应省外或出口国外。为提高农业生产效率，过去对土地开发和环境资源利用已经达到一定的程度，生态环境付出了很大代价。改革开放初期，全国使用化肥折存量不到800万吨，目前化肥使用量已超过5900万吨。化肥虽然能提高农作物产量，但对环境资源的破坏不可忽视，许多研究在生态环境保护策略中提出了减少化肥使用，但一直以来化肥量的控制并不显著，中国每公顷土地使用的化肥量是世界平均水平的4倍以上。农药是农业增产的必需品，2016年中国农药使用量已超过180吨，如果采用空中喷洒式喷洒农药，农药的利用率仅为30%，70%并未真正得到利用。湖北省农药使用方式大多数以喷洒为主，仅有10%黏附于作物，90%的残药挥洒在空气中，不仅降低了农药的利用率，而且使空气受到不同程度污染,部分农药直接被人体吸收,影响着人类健康,也加大了土地的污染程度。2016 年中国使用农用薄膜超过 240 万吨,其中 100 万吨未得到重复利用。湖北省薄膜使用量一直处于全国前列,旱田大部分都在使用薄膜,1991 年湖北省薄膜使用量为 41623 吨,在全国 31 个省份中位居第三。农膜使用量在不断上升,平均每年增加 1000 多吨,严重加重了土地的承载负担。中国一直在提倡控制化肥、农药的使用量,但由于农业发展需要,使用量依然没有得到良好控制。湖北省化肥农药使用量同样存在量的问题,随着农业现代化快速发展,更多土地被集中生产经营,规模化开发和管理,单位土地所生产的粮食不再局限于自给自足。为了提高农业生产率,农家肥已经逐渐消失,化肥的使用量随之增加,土壤的质地也随之发生了变化,土壤中的有机物逐渐减少,化肥、农药中的过量重金属被植物吸收,农作物健康指数逐渐下降,土壤受到严重污染。长期的乱砍滥伐、随意破坏植被,直接导致水土流失和土地沙化。农药、化肥、塑料薄膜等白色污染使用过度,禽畜粪便随意排放等问题加重了农业生态环境的负担。化肥使用过程中浪费严重,有 65%—70% 遗失于土壤中,造成土壤板结、地力下降;而且使用的化肥会随着农业退水和地表径流进入河湖,威胁到沿湖、沿江居民用水安全。依托天然的水资源优势,湖北省水稻产业发展较快,长江以及境内其他湖泊、河流为水稻提供了充足的水资源,但是化肥和农药中流失出来的污染物却在破坏着水资源。土壤和水体的污染程度不断加剧,水藻飞速增长,威胁到河流中的鱼虾健康。不合理的化肥使用,严重影响到地下水资源,水中的硝酸盐、亚硝酸盐成分显著上升。近年来,随着湖北省工业产业化发展,废水、废弃物排放加重了农业生态环境负担。

在关注粮食安全的同时,更要关注农业生态安全。粮食生产过程中,应当考虑对农业生态的保护,如果粮食生产对农业生态系统构成严重威胁,必然导致农业生态系统逆向演化,进而影响粮食供给能力的稳定性和可持续性。

(二)湖北省农业生态安全评价

2017 年,汪成、高红贵等人在粮食安全背景下对湖北省农业生态安全给出了评价,本书参照他们的评价方法和评价结果再一次对湖北省农业生态安全评价指标进行测算。通过国家统计局提供的数据"湖北省农业生态安全指标体系及权重"和"湖北省 2005—2014 年农业生态安全指标"值进行综合测算和分析，得出 2005—2014 年湖北省农业生态安全综合评价分数，以此作为湖北省农业生态安全面临着严峻挑战的主要依据之一，具体方法如下。

1. 方法的建立

熵值法：本书主要采用该方法对湖北省农业生态安全体系赋权，通过数据标准化处理分出正负向指标，在不同年份之间求出指标权重，结合多年指标得出指标评价总分值，通过对比 2005—2014 年各年份的指标评价总分之间的差异得出湖北省农业生态环境变化的趋势。

标准化整理数据，分别列出正向指标和负向指标：

正向指标：

$$X_{ij} = \frac{X_{ij} - \min\{X_i\}}{\max\{X_i\} - \min\{X_i\}} \tag{1}$$

负向指标：

$$X_{ij} = \frac{\max\{X_i\} - X_{ij}}{\max\{X_i\} - \min\{X_i\}} \tag{2}$$

分别运用正向指标和负向指标计算出第 i 年份第 j 项指标值所占的比重：

$$Y_{ij} = \frac{X_{ij}}{\sum\limits_{i=1}^{m} X_{ij}} \tag{3}$$

结合公式（3）计算出指标信息熵：

$$e_i = -k \sum\limits_{i=1}^{m} (Y_{ij} \times \ln Y_{ij}) \tag{4}$$

结合公式（4）信息熵冗余度的计算过程：

$$d_i = 1 - e_i \tag{5}$$

指标权重的计算：

$$W_i = d_i / \sum\limits_{i=1}^{m} d_i \tag{6}$$

结合第 i 个年份第 j 项评价数值和指标权重计算单指标评价总得分值：

$$S_{ij} = W_i \times X'_{ij} \tag{7}$$

变量说明：其中 X'_{ij} 代表第 i 个年份第 j 项评价数值 $\min\{X_j\}$，

max $\{X_j\}$ 表示所有年份中第 j 项评价指数的最大值和最小值。

2. 指标选取及理论依据

计算农业生态安全指标需要综合参照农业投入中过去、当今、未来对生态环境可能造成长期影响的指标，以化肥施用量、塑料薄膜使用量、农药施用量为主要研究对象，因此必须对比多年变化情况。综合参考指标为：人口自然增长率、人均地区生产总值、粮食作物播种面积、森林覆盖率、受灾面积、农村居民人均纯收入、农村居民恩格尔系数、水土流失治理面积等，将各项指标测算结果相加得到农业生态安全综合指数，数据来源于《中国统计年鉴》和《湖北统计年鉴》，从农业生态环境压力、农业生态环境质量水平、生态环境治理能力的三个维度来构建体系。

运用 1990 年经济合作与发展组织（OECD）提出"压力—状态—响应"（PSR）模型，指标选取遵循科学性、系统性、相对独立性、可操作性和可获取性原则。选取指标除了遵循一般规律以外还需考虑地域特征和生态环境的空间格局，结合各项指标的权重值，运用加权法进行计算，得出各项农业生态安全指标。主要数据参照表 7—1 和表 7—2。

表 7—1　　　　　湖北省农业生态安全指标体系及权重值

一级指标	二级指标	权重值	三级指标	权重值	单位
农业生态安全	资源生态环境压力	0.32	人口自然增长率	0.08	‰
			人均粮食播种面积	0.12	万公顷
			受灾面积	0.12	千公顷
	农业生态环境质量水平	0.3	化肥施用强度	0.07	万吨
			农药施用强度	0.03	万吨
			塑料薄膜使用强度	0.06	万吨
			森林覆盖率	0.14	%
	生态环境治理能力	0.38	农村居民人均纯收入	0.08	万元
			人均地区生产总值	0.09	万元
			水土流失治理率	0.11	%
			农村居民恩格尔系数	0.10	—

资料来源：根据国家统计局网站数据整理。

表7—2　　　　　　　　湖北省2005—2014年农业生态安全指标值

指标	单位	2005	2006	2007	2008	2009	2010	2011	2012	2013	2014
人口自然增长率	‰	3.1	3.1	3.2	2.7	3.5	4.3	4.4	4.9	4.9	4.9
粮食作物播种面积	万公顷	39.3	39.0	39.8	39.1	40.1	40.7	41.2	41.8	42.6	43.7
受灾面积	万公顷	25.8	21.6	27.9	40.3	18.3	24.7	25.8	17.2	24.9	20.8
农用化肥施用折纯量	万吨	28.6	29.2	30.0	32.8	34.0	35.1	35.5	35.5	35.2	34.8
农药施用量	万吨	11.0	13.2	13.6	13.8	13.9	14.0	14.0	14.0	12.7	13.5
农业塑料薄膜使用量	万吨	5.5	5.6	5.8	5.9	6.1	6.4	6.5	6.5	6.6	6.4
森林覆盖率	%	26.8	26.8	26.8	26.8	38.4	38.4	38.4	38.4	38.4	38.4
农村居民人均纯收入	万元	0.3	0.3	0.4	0.5	0.5	0.6	0.7	0.8	0.8	0.8
人均地区生产总值	万元	1.1	1.3	1.6	2.0	2.3	2.8	3.4	3.9	4.3	4.7
水土流失治理面积	公顷	41.0	41.7	42.3	42.7	44.5	46.7	48.3	47.6	51.8	54.1
农村居民恩格尔系数	—	49.1	46.8	47.9	46.9	44.8	43.1	39.0	37.6	36.8	37.4

资料来源：根据国家统计局网站数据整理。

3. 测算结果分析

　　湖北省农业发展以种植业为主，乔木、灌木等实木性经济林数量较少，空气净化能力较差，时有雾霾现象发生，农业生产活动对农业生态环境的影响已超出了农业生态环境的自净能力，农业生态环境面临着前所未有的压力和挑战。如何考虑转变农业发展方式、改善资源环境、保护农业生态、制定保护和修复政策，成为当前湖北省所面临的生态环境长久性挑战。

　　通过熵值法计算出2005—2014年湖北省农业生态安全综合评分，由表7—3呈现。结合表7—3和图7—3分析，在生产要素投入指标中，2005—2013年农用化肥施用折纯量和农用塑料薄膜使用量在逐年增加，2014年与2013年相比略呈平缓趋势，农药施用量变化不大，农村居民恩格尔系数呈不断下降趋势，农业生态安全综合得分值不上升。

表7—3   2005—2014 年湖北省农业生态安全综合评价得分

指标	2005	2006	2007	2008	2009	2010	2011	2012	2013	2014
人口自然增长率	0.24	0.25	0.25	0.21	0.27	0.34	0.34	0.38	0.39	0.39
粮食作物播种面积	4.70	4.67	4.76	4.67	4.80	4.87	4.93	5.00	5.09	5.23
受灾面积	2.33	1.96	2.52	3.65	1.65	2.23	2.33	1.55	2.25	1.88
农用化肥施用折纯量	1.88	1.93	1.98	2.16	2.24	2.31	2.34	2.34	2.32	2.30
农药施用量	0.38	0.46	0.47	0.48	0.48	0.48	0.48	0.48	0.44	0.44
农用塑料薄膜使用量	0.34	0.35	0.37	0.37	0.38	0.40	0.41	0.41	0.42	0.40
森林覆盖率	3.73	3.73	3.73	3.73	5.35	5.35	5.35	5.35	5.35	5.35
农村居民人均纯收入	0.03	0.03	0.03	0.04	0.04	0.05	0.06	0.07	0.07	0.07
人均地区生产总值	0.10	0.12	0.15	0.18	0.21	0.26	0.31	0.35	0.39	0.43
水土流失治理面积	4.30	4.37	4.44	4.48	4.67	4.90	5.07	5.00	5.44	5.68
农村居民恩格尔系数	4.73	4.51	4.61	4.52	4.31	4.15	3.75	3.62	3.54	3.60
农业生态安全综合得分值	22.76	22.38	23.31	24.49	24.40	25.34	25.37	24.55	25.70	25.77

注：本表由表7—1 和表7—2 相结合测算整理而得。

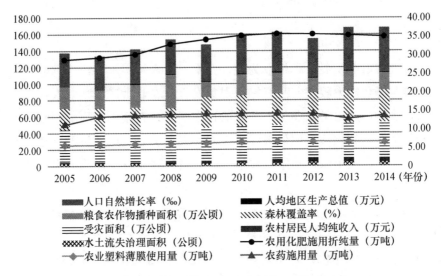

图7—3 2005—2014 年湖北省农业生态安全各项指标走势

注：图中未列出农村居民恩格尔系数，各项指标中均标明了单位，该走势图只作为各年份之间各项指标所占比例参考。

结合图表和测算结果分析，湖北省农业生态安全综合得分值由 2005 年的 22.76 上升至 2014 年的 25.77，年均增长幅度为 0.34。意味着农业生态环境面临着威胁，化肥、塑料薄膜、农药的使用量一直没有得到有效控制，水土流失面积在不断扩张，严重影响着未来的生态平衡，区域生态物种不断减少、外来物种入侵，导致农业生态环境内部调节功能减弱，各类自然灾害频繁发生。除此之外，工业污染威胁着农业生态环境，生产中的废水、废气、固体垃圾等大量排放对农业耕地影响极大，耕地受污染以后生态未能及时获得恢复，长期积累污染元素，农作物安全受到严重影响，进一步加大了生态承载力。

六　湖北省土地资源污染面临挑战

畜禽养殖粪便的废弃物排放给环境污染带来了压力，湖北省环保厅发布的《湖北省 2015 年环境质量状况》显示，从畜禽养殖场周边 10 个采样点采集土壤测试（以清洁土壤为主），占总点位数的 69.52%，保持清洁（警戒线）所占比例为 17.62%，轻度污染所占比例为 10.00%、中度污染所占比例为 2.38%、重度污染所占比例为 0.48%。16 个地区中（潜江未进行监测），7 个地区的部分点位存在不同程度的重金属超标，重度污染点位出现在黄冈，中度污染点位集中在黄石，轻度污染点位分布在黄石、黄冈、宜昌、荆门、孝感、恩施、仙桃。

图 7—4 显示，武汉、十堰、襄阳、鄂州、荆州、咸宁、随州、天门、神农架 9 个地区所有采样点土壤的综合污染水平处于正常清洁警戒线。

据《湖北省 2015 年环境质量状况》数据显示，湖北省 210 个点位的 2310 个有效数据中有 54 个超标数据，占总数的 2.33%，其中轻微、轻度、中度、重度污染所占比例分别为 2.00%、0.13%、0.17% 和 0.14%。7 项污染物指标存在超标，超标率由大到小依次为：镉（10.0%）> 镍（7.1%）> 铜（3.8%）> 滴滴涕（1.9%）> 苯并（a）芘（1.4%）> 锌（1.0%）> 砷（0.5%）；最大超标倍数依次为苯并（a）芘（24.51倍）> 铜（2.86 倍）> 锌（2.72 倍）> 镉（1.1 倍）> 镍（0.52 倍）> 滴滴涕（0.48 倍）> 砷（0.25 倍）。指标分布参照表 7—4。

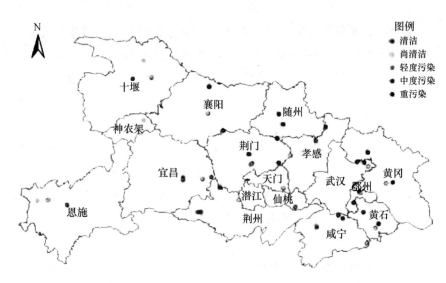

图7—4　湖北省2015年畜禽养殖场周边土壤污染状况分布

表7—4　　　　　湖北省农业地质调查项目土壤质量地球化学
评价指标层划分

层次	主层	次层
1	土壤肥力指标层	大量元素（碳、氮、磷、钾、硫、镁、钙），必需微量元素（铁、锰、锌、铜、硼、钼、氯），有益元素（硅、钴、镍、钠）土壤有机质
2	土壤环境健康指标层	有害元素指标层（砷、镉、汞、铅等），有机污染物指标层（有机氯农药类等），健康指标层（硒、氟、碘）
3	土壤理化指标层	土壤酸碱度（pH），土壤质地土体构型土壤胶体（阳离子交换量）
4	土壤外部环境指标层	灌溉、排水条件、地下水位施肥地貌环境条件

资料来源：根据国家统计局网站数据整理。

2016年底建成787个土壤环境质量监测风险点位。根据监测点位数据显示，已存在污染的区域包括"重金属污染防治"重点区域、污染行业企业周边区域、历史污染区域、周边规模化畜禽养殖场区域、果蔬菜种植基地区域。部分重点区域土壤环境质量监测风险点位参照表7—5。

表7—5　　　　　湖北省 2016 年各重点区域土壤环境质量监测
风险点位一览（节选）

编号	所处地区	区域类型	污染风险	备注
1	武汉市	污染行业企业	苯并（a）芘超标，点位超标 50%	武汉非凡电源有限公司监测点
2	孝感市大悟县友谊街	历史污染区域	金属冶炼	孝感芳畈铜矿监测点（场地内）
3	大冶市陈贵镇矿上村	规模化畜禽养殖场	所有点位超标，铜、锌超标 0—3 倍	黄石市青春养殖场监测点
4	宜城市孔湾镇杜岗村	果蔬菜种植基地	40% 点位超标，滴滴涕超标 0—2 倍	襄阳宜城市菜地 3 监测点
5	恩施市新塘乡下坝村	果蔬菜种植基地	镉、镍、钒、铊超标 0—15 倍	恩施州恩施市菜地 1 监测点
6	仙桃市彭场镇万丰村	果蔬菜种植基地	滴滴涕超标约 2 倍	仙桃市菜地 3 监测点

资料来源：根据国家统计局网站数据整理。

七　湖北省水资源破坏面临挑战

我国每年农业用水缺乏。据统计，我国每年农用缺水约 300 亿立方米，七大流域地表水体有机污染较为普遍，影响着农业用水安全。各干流断面约 57.7%，已达Ⅲ类水质，26.6% 的断面达到Ⅳ类水质，13.8% 的断面达到Ⅴ类水质。从全国水质污染区域分布来看，水污染总体呈现由东部向西部蔓延、由城市向农村蔓延、由干流向支流延伸、由地表向地下渗透的发展趋势。

湖北省地处长江中游。地形多样，其中山地占全省总面积的 56%，丘陵占 24%，平原湖区占 20%。土壤肥沃，河湖众多，水域面积广，水资源丰富,素称"千湖之省"。中华人民共和国成立初期,湖北省自然条件更为优越,然而为了增加粮食产量,葱郁的山林已被夷为平地。从1949 年到 1962 年,湖北省耕地面积增加了 1528.75 千公顷,粮食播种面积增加了 1724.72 千公顷。耕地增加面积主要源于填湖,20 世纪 70 年代末,江汉平原上沉湖、三湖、大同湖、白鲁湖、连通湖、大沙湖等逐渐消失,王家大湖、武湖、刁汊湖、排湖等逐渐萎缩,湖水面积不断减小,白水滩湖、鼓湖、重湖等相继被分割。湖北省内面积较大的湖泊也在变化,70 年代洪湖面积 10 年间由 625.51 平方公里减少到 392.541 平方公里,梁子湖面积由 385.481 平方公里减少到 287.651 平方公里。为了建房、造田,与 50 年代相比,2005 年湖北省湖泊面积减少了 64.4%,900多个湖泊相继消失,湖泊数量已不到 100 个。过度围垦、毁林开荒、乱砍滥伐等行为促成水土流失、气候变化、土壤污染、水资源污染,湖泊调蓄功能较弱,自然灾害频繁,受灾面积扩增,水产行业受到了严重影响。由于前期对资源的破坏,农业生态环境压力进一步增加,生态环境保护是维持可持续发展的永久性挑战。

八 湖北省劳动力资源约束

(一) 劳动力数量变化

21 世纪以来,中国工业化、城镇化加速,农村劳动力迅速向城镇转移。2016 年在全国 13.6 亿人口中,城镇常住人口数量超过 7.3 亿人,农村常住人口数量下降至 6.3 亿人,城镇常住人口数量已超过农村常住人口数量,城镇化率上升到 53.73%,远超过 1978 年的 35.21%。大量农村劳动力离开了第一产业,经济发展水平较低的地区劳动力外出现象极为普遍,2017 年 9 月统计数据得出,外出务工的农民平均月收入为 2792 元,比 2016 年同期增长 10%。这个结果与第二、第三产业迅速发展密切相关,农村劳动力大量转移至城镇第二、第三产业,致使农村劳动力严重缺乏。

区位商 (LQ) 是指一个地区特定部门的产值,在该地区总产值中所占的比重与全国该部门产值在全国总产值中所占比重的比率。专门用来衡量某一地区某一产业的专门化程度、聚集程度。这项指标可以作为产业结构、产业布局、区域经济发展评价及政策建议的依据。

表 7—6　　　　　　　1990—2015 年湖北农业产业区位商汇总数值

年份	1990	1991	1992	1993	1994	1995	1996	1997	1998
农业 LQ	1.321	1.272	1.305	1.353	1.514	1.499	1.483	1.502	1.456
年份	1999	2000	2001	2002	2003	2004	2005	2006	2007
农业 LQ	1.260	1.273	1.276	1.262	1.359	1.402	1.410	1.409	1.436
年份	2008	2009	2010	2011	2012	2013	2014	2015	
农业 LQ	1.405	1.416	1.411	1.387	1.359	1.315	1.281	1.261	

资料来源:《湖北统计年鉴》。

　　从表 7—6 中可以看出,1990—2015 年湖北省农业的 LQ 值均大于 1。可以看出,湖北省农业产业聚集程度在全国范围内处于领先水平。说明农业依然是湖北省的主导产业,也提示了湖北省农业发展的重要性。

　　区位商变化表示农业聚集程度,农业聚集程度表明从事第一产业的劳动力的数量的分布情况。

表 7—7　　　　　2013—2015 年湖北省各地区第一产业区位商一览

地区＼年份	2013	2014	2015	平均值
武汉	0.398653	0.383718	0.371561	0.384644
黄石	0.896905	0.951356	0.995495	0.947919
十堰	1.423992	1.389702	1.364107	1.3926
宜昌	1.28252	1.238868	1.202435	1.241275
襄阳	1.477432	1.416539	1.339044	1.411005
鄂州	1.338684	1.304476	1.306039	1.3164
荆门	1.702375	1.668461	1.629171	1.666669
孝感	2.111218	2.054568	2.005123	2.05697
荆州	2.571556	2.587025	2.499539	2.552707
黄冈	2.880517	2.802994	2.690086	2.791199
咸宁	2.009514	1.969206	1.952527	1.977082
随州	2.028161	1.984778	1.897518	1.970152
恩施州	2.595313	2.507417	2.415167	2.505966

地区 \ 年份	2013	2014	2015	平均值
仙桃	1.710336	1.678022	1.658143	1.682167
潜江	1.419293	1.39079	1.411432	1.407172
天门	2.188826	2.145126	1.968315	2.100756
神农架	1.025422	1.036143	1.053607	1.038391

资料来源:《湖北统计年鉴》。

表7—7 为湖北省 17 个不同州市的农业 LQ 值,表中武汉市 2013—2015 年的农业 LQ 值均低于0.4,平均值为0.384644,说明武汉市的农业聚集程度不高,不以农业为主要发展对象,第二、第三产业发展水平均超过第一产业;除黄石以外,其他 15 个州市三年来的 LQ 值均大于1,平均值均大于1,说明这 15 个州市的农业聚集程度相对偏高,第二、第三产业聚居程度较低;荆州、孝感、黄冈、恩施州、天门三年来 LQ 的平均值均大于2,说明这 5 个地方农业聚集程度较高,基本以农业生产活动为主导。

农业产值受农业劳动力投入的影响,农业劳动力资源受区域发展水平影响。经济水平不相同的地区可分配农业劳动力聚集程度也不相同。欠发达地区经济实力相对较弱,由于资源条件约束,无法依靠土地扩张实现农业增收,劳动力转移成为一种必然。经济实力稍强的市县,劳动力聚集程度较高,但耕地面积有限,同样不利于农业健康发展。

(二) 劳动力收入减少

当前,湖北省农业经济发展依然存在农民增收缓慢的问题。农民来自农业的收入下滑,农户纯收入逐年减少,农村富余劳动力转移问题依然没有解决,农民工外出打工是农民工增收的重要途径之一。省内农村富余劳动力数量居多,但是劳动力数量转移出现了诸多问题,农村劳动力向省外转移数量多于省内转移数量。部分乡镇、县区非农从业人数呈负增长趋势。由于多数企业规模小、力量薄、发展缓慢等因素,随着非农岗位的缺乏,无法留住农村富余劳动力。相反,便利的交通、省外良好的就业预期加快了农村富余劳动力外出的速度,其中东部发达地区依然占有吸收外地劳动力的优势。

（三）劳动力分布不均

湖北省内依然存在劳动力集中现象，经济发展水平较低的市县，农村富余劳动力依然选择转向大中城市，打工收入额省外高于省内、县外高于县内。此外，农村富余劳动力转移存在性别差异，女性选择外出打工的就业率高于本地，男性外出打工的数量高于女性。从本省提供的就业岗位分析，多数企业提供的岗位为体力劳动性质，约束了女性的就业选择，进一步促使富余劳动力转移到其他发达地区。

（四）农村富余劳动力转移总量不足

被动从事第一产业的劳动力居多，隐性失业问题严重，有超过33%的农村劳动力处在隐性失业状态；农村富余劳动力转移的组织化程度较低，组织管理体系不完善，就业盲目性较大。农村富余劳动力大量转移至城市，冲击城乡二元结构就业市场，阻碍小城市、小企业健康发展。

（五）农村劳动力进城就业受限

农民进城就业存在歧视性规定和不合理收费。农民跨地区就业和进城务工的各种手续复杂。农民工职业培训、子女教育、劳动保障等各项经费未得到合理规定，农民工与企业之间劳动纠纷频频发生，农民利益保障措施不完善；中介组织未能正式涉入农村富余劳动力转移工作中，主管部门对劳动供求信息发布渠道狭窄，农民工未能第一时间接收到用工信息，延误农民工效率发挥时期，降低劳动力生产效率。

从经济学理论出发，如果在农业中存在大量绝对农业剩余劳动力（即劳动力在农业中边际产出为负值的劳动力）和相对农业剩余劳动力（即劳动力在农业中的边际产出水平低于其在非农产业中的边际产出水平的农业劳动力）。假设将这些劳动力转移到非农产业中就业，将会大大提高劳动力边际生产力水平，从而增加国内生产总值水平。有关计算表明，农业剩余劳动力可以产生巨大的国内生产总值增长效应，一般可以推动国内生产总值增长5.2%—12.8%，劳动力资源配置的正向效应非常显著。

（六）劳动力技术变化

农村劳动力接受技能培训的人数较少，外出打工的人数学历偏低，基本处于初中水平，没有接受专业的技能培训，工作性质趋向于体力劳动。

农村富余劳动力缺乏劳动技能培训,由于市场需求的刺激,才能引导培训部门思考如何技术指导,农村富余劳动力转移率与劳动力文化程度正相关,湖北省农村劳动力平均受教育程度约为 8 年,小学文化程度基数偏高,占 36%。文化程度给富余劳动力在转移过程中带来了就业障碍。农村劳动力培训并未将短期、长期良好的分开与融合,提高型和实用型培训分离模糊。全体培训与外出就业人员培训界定不清晰,培训经费落实不到位,补贴费用与自主承担费用混淆,缺乏高效、合理的培训方案。高校、科研单位、技术研发所与农技培训之间的对接存在困难,部分农技推广站未能发挥相应作用,没有及时、迅速传达相应农业实用技术,与农户之间未能良好沟通,农民缺乏科学有效的技术指导和技能培训。

九 舌尖上的健康

食品安全问题一直是最受关注的主要问题之一。"病从口入"等俗语体现了食物与人体健康有着必然联系。我们每天所摄入的能量大部分来自粮食、蔬菜、瓜果,因此,农业安全生产的重要性备受关注。随着转基因技术的发展,大大提高了农业生产率,但是因此所带来的弊端也引发了人类思考。

从消费者的自身角度来看,舌尖上的享受在中国一直传承不断,许多人为了满足味觉的享受,往往忽略了对食品安全的重视。中国是大豆的故乡,历史上大豆产量一直居全世界第一,随着需求量的增加,转变为大豆进口量是全世界第一。这不仅与中国的人口数量有着密切关系,而且与大豆产量的控制有着必然联系。大豆主要用来生产食用油,据统计,2016 年,中国消费的植物油总量超过 2700 万吨,人均消费超过 20 千克,植物油消耗健康标准为每人每天 20—25 克,年均消费 10 千克左右,中国的植物油消费水平已超出正常水平的 2 倍,大量摄入植物油也将导致健康问题出现,这一全国性问题也存在于湖北省。

从经营主体、监管部门的角度来看,由于湖北省农业生产经营组织化程度不高,经营主体的诚信度、农产品质量安全责任意识、监管机制等方面的要素直接主导着农产品质量安全系数。袁隆平先生提出"以我为主,立足国内,确保产能,适度进口,科技支撑"的口号,要求谷物基本自给，口粮绝对安全。在这一态势下，湖北省作为国内粮食生产的主力军，如何保持农业发展良好局面，实现保障粮食安全的基本要求，生产绿色、健康的粮食，保证生产效率，发挥产粮优势。如何制定合理的农业保护措施，真正做到增加农民收益，提高劳动生产力，达到谷物基本自给，口粮绝对安全的目标，湖北省未来面临严峻挑战。

第 八 章

湖北省未来农业发展
之路——现代农业

第一节 现代农业的内涵、特征、趋势与类型

一 现代农业的内涵

（一）基本含义

现代农业，英文名称为 modern agriculture。相对于传统农业而言，现代农业是广泛应用现代科学技术、使用现代工业提供的生产资料和装备、采用现代经营理论进行科学管理、用高效便捷的信息系统服务和良好的生态环境支持为主要标志的社会化农业。

（二）详细解释

现代农业是农业发展史上的一个重要阶段，是一个动态的和历史的概念。现代农业的概念并不抽象，它是一个具体的事物。从发达国家的传统农业向现代农业转变的过程以及产业构成与产业发展的内涵看，现代农业至少应该包括下述几层含义。

1. 现代农业是生产物质条件和技术现代化的农业

现代农业与传统农业不同，传统农业依赖资源投入，而现代农业利用现代工业的先进科学技术和生产要素全面装备农业。机械、工程、设施、通信、网络等技术广泛使用，通过机械化、电气化、信息化、生物化和化学化改变着农业的生产时间、空间和范围。

2. 现代农业是采用现代管理科学方法进行组织的农业

相对于传统农业而言，现代农业运用现代的科学技术和生产管理方法，通过农业组织管理的现代化，对农业进行规模化、集约化、市场化和农场化，从而实现农业生产专业化、社会化、区域化和企业化。

现代农业是以市场经济为导向，以利益机制为联结，以企业发展为龙头的农业，是实行企业化管理，产销一体化经营的农业。由农工贸一体化的产业化方式经营农业，采用企业化的方式管理农业，能够大幅度提高农业经营管理的效率和产业的整体经济效益。

3. 现代农业是与第二、第三产业紧密相连的农业

传统农业主要从事初级农产品原料的生产和加工，其功能主要体现在提供产品上。而现代农业突破了传统农业提供产品功能的限制，实现生产、加工、消费一体化，融合了生产资料、食品加工等第二产业和交通运输、技术和信息服务等第三产业，其产业链条大大加长。通过"接二连三"，现代农业成为市场机制驱动下稳定的相互依赖、相互促进的利益共同体。

4. 现代农业是由现代职业农民进行运作的农业

现代农业发展进程中，人是最重要的因素。某种程度上，区别现代农业和传统农业的根本也在于人。按照配第—克拉克定理①和库兹涅茨法则②中农业劳动力变化的规律，现代农业需要数量更少、素质更高的劳动力。

---

　　① 由科林·克拉克（C. Clark）于1940年在威廉·配第关于国民收入与劳动力流动之间关系学说的基础上提出。随着经济的发展，人均收入水平的提高劳动力首先由第一产业向第二产业转移；人均收入水平进一步提高时，劳动力便向第三产业转移；劳动力在第一产业的分布将减少，而在第二、第三产业中的分布将增加。人均收入水平越高的国家和地区，农业劳动力所占比重相对较小，而第二、第三产业劳动力所占比重相对较大；反之，人均收入水平越低的国家和地区，农业劳动力所占比重相对较大，而第二、三产业劳动力所占比重则相对较小。

　　② 由库兹涅茨（Simon Kuznets）在配第—克拉克研究的基础上，通过对各国国民收入和劳动力在产业间分布结构的变化进行统计分析得出。基本内容是：①随着时间的推移，农业部门的国民收入在整个国民收入中的比重和农业劳动力在全部劳动力中的比重均处于不断下降之中；②工业部门的国民收入在整个国民收入中的比重大体上是上升的，但是，工业部门劳动力在全部劳动力中的比重则大体不变或略有上升；③服务部门的劳动力在全部劳动力中的比重基本上都是上升的，然而，它的国民收入在整个国民收入中的比重却不一定与劳动力的比重一样同步上升，综合地看，大体不变或略有上升。

现代职业农民与传统农民不同,其主体不再是一家一户的小生产者,而是农业企业主、种养殖大户、家庭农场主、专业合作组织的领头人。这些职业农民比传统农民更有责任感和市场观念,对于农业具有较好的归属感并具有从事农业生产服务的专业技能。

二 现代农业的特征

建立在现代科学体系基础上的现代农业,其基本特征主要表现在以下九个方面。

1. 具备较高的综合生产率

同样的资源可以获取更多的劳动成果,即具有较高的综合生产率,是衡量现代农业发展水平的最重要标志。表征综合生产率的指标较多,一般包括较高的土地产出率和劳动生产率。较高的综合生产率使农业成为一个有较高经济效益和市场竞争力的产业。

2. 农业成为可持续发展产业

传统农业生产主要考虑的是满足社会对粮食的需求,过多追求产量与产出,甚至围湖造田、毁林开荒,不惜牺牲生态环境。现代农业是一个良好的可循环的生态系统。现代农业广泛采用生态农业、有机农业、绿色农业等生产技术和生产模式,大力推广资源节约、环境友好的农机农艺技术,实现水、土、气等农业资源的可持续利用。

3. 农业成为高度商业化的产业

传统农业以自给自足为主要特征,商品化率低。现代农业是工业化大农业,要求建立非常完善的市场体系,运用市场机制配置资源,具有较高的商品率。离开了发达的市场体系,就不可能有真正的现代农业。农业现代化水平较高的国家,农产品商品率一般都在90%以上,有的产业商品率可达到100%。

4. 实现农业生产物质条件的现代化

以比较完善的生产条件,基础设施和现代化的物质装备为基础,集约化、高效率地使用各种现代生产投入要素,包括水、电力、农膜、肥料、农药、良种、农业机械等物质投入和农业劳动力投入,从而达到提高农业生产率的目的。

5. 实现农业科学技术的现代化

广泛采用先进适用的农业科学技术、生物技术和生产模式,改善农产品的品质、降低生产成本,以适应市场对农产品需求优质化、多样化、标准化的发展趋势。现代农业的发展过程,实质上是先进科学技术在农业领域广泛应用的过程,是用现代科技改造传统农业的过程。

6. 广泛采用先进的经营方式,管理技术和管理手段

从农业生产的产前、产中、产后形成比较完整的紧密联系、有机衔接的产业链条,具有很高的组织化程度。有相对稳定,高效的农产品销售和加工转化渠道,有高效率地把分散的农民组织起来的组织体系,有高效率的现代农业管理体系。

具有较高素质的农业经营管理人才和劳动力,是建设现代农业的前提条件,也是现代农业的突出特征。

7. 实现生产的规模化、专业化、区域化

通过实现农业生产经营的规模化、专业化、区域化,降低公共成本和外部成本,提高农业的效益和竞争力。

8. 建立与现代农业相适应的政府宏观调控机制

建立完善的农业支持保护体系,包括法律体系和政策体系。

三　现代农业的发展趋势

（一）农业的发展阶段

从生产手段、生产对象、生产技术、经营管理方式、交换方式等几个方面综合考虑,将农业划分为三个历史形态:原始农业、传统农业和现代农业。

1. 原始农业

原始农业是主要使用石器工具从事简单农事活动的农业,是在采集和狩猎的基础上产生和发展起来的,始于史前文化后期的新石器时代,历时约7000年,是农业发展的最早阶段。在新石器时代以前,采集和狩猎是人类获得生活资料的主要方式。随着生产经验的积累和生产工具的改进,人类逐渐了解了一些动植物的生活习性和生长发育过程,开始懂得栽培植物和驯养动物以及制造和使用从事这些生产活动所需要的工具,原始农业遂告产生。

原始农业的基本标志是使用简单的石制农具,采用刀耕火种的耕作方法,单纯依靠物质循环来恢复地力。在这一阶段,由于生产工具和生产方法极为原始、生产力极端落后、生产效率极其低下,人们只能获取有限的生活资料来维持低水平的共同生活的需要。随着铁器的出现和发展,农业生产力水平日益提高,生产经验日益丰富,原始农业便逐渐过渡到古代农业。

2. 传统农业

以人力和畜力为动力作业,使用各种铁木工具和铁木车具等,利用一定的风力动力、水力动力和水利灌溉;整平和耕作土地,使用牲畜粪肥、沤制粪肥和种植绿肥等恢复和增强地力,人工选择、驯化动物品种;根据经验知识和简单的科学知识等进行生产,采取比较集约的方式特别是劳动密集的精耕细作的方式;家长式管理,自然分工,小生产孤立式的经营,不核算劳动的边际收益;产品自给自足或半自给半商品化。大约从四五千年前开始,直到目前,大多数发展中国家仍旧处于传统农业阶段。

3. 现代农业

一般认为,今天意义的现代农业始于"二战"后,是在近代农业的基础上发展起来的以现代科学技术为主要特征的农业;是广泛应用现代市场理念、经营管理知识和工业装备与技术的市场化、集约化、专业化、社会化的产业体系;是将生产、加工和销售相结合,产前、产中和产后相结合,生产、生活和生态相结合,农业、农村、农民发展,农村与城市、农业与工业发展统筹考虑,资源高效利用与生态环境保护高度一致的可持续发展的新型产业。

(二) 传统农业到现代农业的发展过程

由传统农业向现代农业的转变是重要的制度变迁过程,从发展过程来看,可以分为五个阶段。

1. 准备阶段

这是传统农业向现代农业发展的过渡阶段。在这个阶段开始有较少现代因素进入农业系统。如农业生产投入量已经较高,土地产出水平也已经较高。但农业机械化水平、农业商品率还很低,资金投入水平、农民文化程度、农业科技和农业管理水平尚处于传统农业阶段。

2. 起步阶段

本阶段为农业现代化进入阶段。其特点表现为：（1）现代物质投入快速增长；（2）生产目标从物品需求转变为商品需求；（3）现代因素（如技术等）对农业发展和农村进步已经有明显的推进作用。在这一阶段，农业现代化的特征已经开始显露出来。

3. 初步实现阶段

本阶段是现代农业发展较快的时期，农业现代化实现程度进一步提高，已经初步具备农业现代化特征。具体表现为现代物质投入水平较高，农业产出水平，特别是农业劳动生产率水平得到快速发展。但这一时期的农业生产和农村经济发展与环境等非经济因素还存在不协调问题。

4. 基本实现阶段

本阶段的现代农业特征十分明显：（1）现代物质投入已经处于较大规模、较高的程度；（2）资金对劳动和土地的替代率已达到较高水平；（3）现代农业发展已经逐步适应工业化、商品化和信息化的要求；（4）农业生产组织和农村整体水平与商品化程度，农村工业化和农村社会现代化已经处于较为协调的发展过程中。

5. 发达阶段

它是现代农业和农业现代化实现程度较高的发展阶段，与同时期中等发达国家相比，其现代农业水平已基本一致，与已经实现农业现代化的国家相比虽仍有差距，但这种差距是由于非农业系统因素造成，就农业和农村本身而论，这种差距已不明显。这一时期，现代农业水平、农村工业、农村城镇化和农民知识化建设水平较高，农业生产、农村经济与社会和环境的关系进入了比较协调和可持续发展阶段，已经全面实现了农业现代化。

（三）现代农业的发展模式

现代农业的基本内容和特征，在世界各国大体是相同的。但由于世界经济发达国家各自的自然条件和社会经济条件不同，在由传统农业变迁至现代农业的过程中采取了不同的发展模式，其道理和方法是有区别的，归纳起来主要有三种类型。

1. 美国型

以美国、加拿大等为代表，其特点是优先发展机械技术，大力提高农业劳动生产率。这类国家地广人稀,人均负担面积很大,发展农业生产的主要矛盾是劳动力不足。所以,在发展现代农业的道路上,首先抓机械技术措施,用现代技术装备武装农业,实现农业生产手段的现代化,大幅度提高劳动生产率。在机械操作基本代替了人力和畜力操作之后,再把重点转向生物、化学等技术措施的推广应用。

2. 日本型

以日本等国为代表,其特点是优先发展生物、化学技术,大力提高土地生产率。这类国家自然资源缺乏,人多地少,劳动力充裕。在发展现代农业的初期,面临的主要矛盾是耕地面积少,农产品满足不了需要,迫切需要提高单产以增加总产量。因此,发展现代农业的重点一开始就放在培育良种等生物技术和增施无机肥料等化学技术措施上,并通过兴修水利和合理栽培等,大幅提高土地生产率,然后再把重点转向以机械化为主要内容的生产手段现代化。

3. 西欧型

主要以英国、法国、意大利等西欧国家为代表,其特点是同步发展机械技术、生物技术和栽培技术等,提高劳动生产率和土地生产率并重。这类国家介于两者之间,工业相对发达,既缺乏劳动力,耕地也不多。这些国家的农业现代化是把生产手段现代化和生物技术、栽培技术等的运用放在同等重要的地位,使农业劳动生产率和土地生产率同步提高。

四 现代农业的基本类型

1. 循环农业

循环农业是将循环经济观引入农业生产的过程,是循环经济理念在农业经济中的推广和应用,是一种以追求更大经济效益、更少资源消耗、更低环境污染和更多劳动力就业为目标的先进经济发展模式。循环农业通过优化从农业产品生产至消费的整个产业链的结构,实现物质的多级循环利用和产业活动对环境的有害因子零(最小)排放或零(最小)干扰的一种农业生产经营模式。其实质就是要以环境友好的方式利用自然资源和环境容量,实现农业经济活动的生态化转向。

发展循环农业是遏制农业污染,提高农业资源有效利用的机制创新。

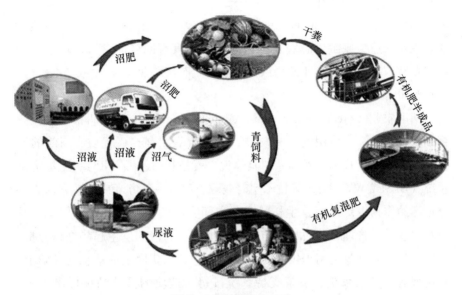

图8—1　循环农业示意

它所体现的农业和谐发展是资源节约型经济发展，是农业可持续发展的有效路径，是农民生态致富之路，对改善生态环境、提高农民生活质量、促进农业发展具有重要作用。循环农业的主要特点是：（1）注重农业生产环境的改善和农田生物多样性的保护；（2）提倡农业的产业化经营，实施农业清洁生产，改善农业生产技术，适度使用环境友好的"绿色"农用化学品，实现环境污染最小化；（3）利用高新技术优化农业系统结构，按照"资源→农产品→农业废弃物→再生资源"的反馈式流程组织农业生产，实现资源利用最大化；（4）延长农业生态产业链，通过废物利用、要素耦合等方式与相关产业形成协同发展的产业网络。

2. 休闲农业

休闲农业是农民或企业利用当地有利的自然条件开辟活动场所，提供设施，招揽游客，以增加收入的一种旅游农业。游客不仅可以观光、采果、体验农作、了解农民生活、享受乡间情趣，而且可以住宿、度假、游乐。休闲农业的基本概念是利用农村的设备与空间、农业生产场地、农业自然环境、农业人文资源等，经过规划设计，以发挥农业与农村休闲旅游功能，提升旅游品质，提高农民收入，促进农村发展的一种新型农业。观光农业和休闲农业其实都是"舶来品",意义相同,英文名为 recreational agriculture 或 leisure agriculture。另外,观光休闲农业、体验农业、观赏农业、旅游生态农业等与休闲农业具有同样的含义,均是一种以农业和农村、农业产业园为载体的新型生态旅游业。

3. 精准农业

精准农业(precision agriculture 或 precision farming)也叫精确农业或精细农业,是综合应用现代高科技,以获得农田高产、优质、高效的现代化农业生产模式和技术体系。具体说,就是利用遥感(RS)、卫星定位系统(GPS 或 WWGPS)等技术实时获取农田每一平方米或几平方米为一个小区的作物生产环境、生长状况和空间变异的大量时空变化信息,及时对农业进行管理,并对作物苗情、病虫害、墒情的发生趋势进行分析、模拟,为资源有效利用提供必要的空间信息。在获取上述信息的基础上,利用智能化专家系统、决策支持系统按每一地块的具体情况做出决策,准确地进行灌溉、施肥、喷洒农药等,从而最大限度地优化农业投入,在获得最佳经济效益和产量的同时,保护土地资源和生态环境。

4. 物理农业

物理农业利用具有生物效应的电、磁、声、光、热、核等物理因子操控动植物的生长发育及其生活环境,促使传统农业逐步摆脱对化学肥料、化学农药、抗生素等化学品的依赖以及自然环境的束缚,最终获取高产、优质、无毒农产品的环境调控型农业。物理农业契合了当代社会返朴归真的理念,是物理技术与农业生产的有机结合,是一门新的生产体系。物理农业的核心是环境安全型农业,其以生物物理因子作为操控对象,最大限度地提高产量,杜绝使用农药和其他有害于人类的化学品。

物理农业实质上就是食品安全型低碳农业。随着它的发展,相关的物理技术装备以及环境安全型农业设施的需求将带动农用电子、机械、建材、信息业的发展,同时将推动农业设施设计、建造技术的飞速发展,最终带给人类的是没有化学品危害的、生态的绿色食品生产农业,其经济效益、社会效益非常显著。

5. 工厂化农业

工厂化农业是在综合运用现代高科技、新设备和管理方法而发展起来的一种全面机械化、自动化技术（资金）高度密集型生产方式，是现代生物技术、现代信息技术、现代环境控制技术和现代材料不断创新并在农业上广泛应用的结果。工厂化农业在相对可控环境下，采用现代工业技术，利用综合技术或成套设施使种养业连续生产。工厂化农业可以实现全天候、反季节的企业规模化生产，摆脱自然环境的束缚。工厂化生产主要包括工厂化育秧、工厂化食用菌栽培、工厂化生产禽畜等。

工厂化生产借助于大型温室（一般包括加热系统、降温系统、通风系统、遮阳系统、滴灌系统和中心控制系统等），可以实现对于动植物生长、发育、繁殖过程中所需要的光照、温度、水分、营养物质等的人工干预和控制，可以实现机械化、自动化、连续化生产，具有稳定、高产、高效率等特点。

工厂化农业具有诸多优点，但因为其高成本，所以主要应用于高附加值的蔬菜、花卉、养猪、养禽、养鱼乃至多年生果树栽培等上面，而大田作物的水稻、小麦、玉米、棉花、油菜等应用较少。随着科技水平的提高，工厂化农业将在空间规模、产品种类等方面取得新发展。

图8—2 工厂化蔬菜栽培示意

6. 立体农业

立体农业又称层状农业，是指利用生物间的相互关系，兴利避害，为了充分开发利用垂直空间资源、自然资源、生物资源和人类生产技能，把不同生物种群组合起来，多物种共存、多层次配置、多级物质能量循环利用的立体种植、立体养殖或立体种养的一种优化的农业经营模式。

组成农业系统的农业生物（植物、动物、微生物）种群在时间、空间上对于光、温、水、气、肥等资源的利用是有差异的，而立体农业充分利用各种生物在生育过程中的时间差和空间差，在地面地下、水面水下、空中以及前方后方同时或交互进行生产，通过合理组装、粗细配套，组成各种类型的多功能、多层次、多途径的高产优质生产系统，最大限度地利用自然资源，提高各种资源的利用率和利用效率，获得最大经济效益。

立体农业的模式很多，包括"桑基鱼塘"模式、"核桃+牧草+山羊"种养模式、稻田养泥鳅模式以及用花、草、藤本植物和树木的立体绿化模式。立体农业很大程度上与工厂化农业存在交叉，因为无论立体农业或是工厂化农业，都是最大限度提高资源的利用效率，而工厂化育秧、温室水培蔬菜等，既是立体农业，也是工厂化农业。

7. 分子农业

分子农业是利用动植物分子遗传学和转基因等生物技术，大规模生产蛋白质、药物、疫苗等物质，用于预防、治疗人类及动物疾病的农业。由于分子农业是利用植物生产、提取类物质，便于操作和规模化生产，因而为农业工厂化发展奠定了科技基础。

在美国，分子农业已经成为当下农业发展的主流，除了利用转基因植物提取抗体外，还利用马铃薯、大豆、油菜、水稻等作物生产疫苗。分子农业的出现，使农业产业拓展到医药、卫生领域，使新型疫苗的大规模生产成为可能。如美国试验成功的携带乙肝表面抗原的转基因烟草，这种抗原与从人的血清和酵母中获得的抗原几乎相同，但却克服了传统提取方式成本昂贵、程序烦琐的缺点，有利于今后批量化生产。

8. 太空农业

太空农业（Space Agriculture）是以航天技术为基础，开发利用太空环境资源而开辟的一个崭新的农业领域。其中包括利用卫星或高空气球携带搭载作物种子、微生物菌种、昆虫等样品，在太空宇宙射线、高真空、微重力等特殊条件作用下，诱发染色体畸变，进而导致生物遗传性状的变异，快速有效地选育新品种的空间诱变育种。也包括利用卫星和空间站在太空环境下直接种养生产农产品，用于解决太空人员的食物来源，甚至返销地面以补稀缺。

9. 白色农业

白色农业是指微生物资源产业化的工业型新农业，包括高科技生物工程的发酵工程和酶工程。白色农业生产环境高度洁净，生产过程不存在污染，其产品安全、无毒副作用，加之人们在工厂车间穿戴白色工作服帽从事劳动生产，故形象化地称之为"白色农业"。

10. 蓝色农业

蓝色农业指的是在水体中开展的海洋水产农牧化活动，具体来说，所有在近岸浅海海域、潮间带以及潮上带室内外、水池水槽内开展的虾、贝、藻、鱼类的养殖业都包括在内。

随着经济的发展，人口数量不断在增加，而耕地数量在不断减少，仅靠陆地无法满足人类对于食物的需求。科学家们经过反复研究认为，人类的出路在海洋，海洋是个巨大的资源宝库，要开发海洋，向海洋要蛋白质，要生存空间。

全世界海洋生存着20多万种生物，据测算，海洋的初级生产力每年有6000亿吨，每年可为人类提供6亿吨可食用的高级生物，而目前全世界每年的渔获量约1.2亿吨，就为人类提供了22%的动物蛋白。同时，水产品是国际公认的高蛋白低脂肪的健康食品。发展蓝色农业，对改善国民的食物结构，提高食物中优质蛋白质的比重，增强人民体质具有重要作用，是未来农业发展的重要形式。

第二节 湖北发展现代农业的历史机遇与现实基础

一 历史机遇

（一）农业供给侧结构性改革为农业结构调整提供了良好机遇

"十三五"期间，中央全面推进农业供给侧结构性改革，着力解决国际国内农业资源配置、三次产业之间资源配置、农业内部产业之间资源配置不合理问题。通过一系列政策措施在供给端化解农业过剩产能，调整和优化农业产业结构，扩大农业有效供给，解决供需结构性矛盾，将有利于湖北省加快农业生产要素自由流动，充分发挥市场在农业资源配置中的决定性作用，培育农业比较优势，提升农业竞争力。

（二）全面建成小康社会为农业发展提供了更大的空间

湖北省委提出，"十三五"时期，湖北省要在中部地区率先全面建成小康社会。随着城乡居民生活水平明显提高，消费观念转变和消费结构升级，农产品消费总量将进一步增加，对多元、高质、优价、安全农产品的需求更大。为农业规模经营、农业结构优化、农业功能提升起到积极的推动作用，农业和农村经济发展的空间将更加广阔。同时，党中央、国务院高度重视产业扶贫工作，产业扶贫是完成脱贫目标任务最重要的举措，"十三五"规划纲要把产业扶贫放到了八大重点工程之首，将最大限度地整合各项涉农政策和各类项目资源，为农业发展注入新的活力。

（三）多重发展战略叠加为农业发展提供了良好契机

"一带一路"倡议有利于湖北省茶叶、食用菌等特色农产品走出去。中部崛起战略有利于巩固湖北省大宗农产品适宜区发展地位。长江经济带战略有利于凸显湖北省农产品流通"枢纽"作用。武汉城市圈两型社会综合配套改革试验区建设、大别山革命老区振兴发展、鄂西生态文化旅游圈建设等重大战略的实施，有利于推动湖北省优化农业区域布局，实现跨区域产能合作。

（四）新技术普及应用为农业跨越式发展提供了重要支撑

"十三五"期间，信息化技术加速普及，"互联网＋"与现代农业深度融合，开创了大众参与的"众筹"模式，有利于促进专业化分工、提高组织化程度、降低交易成本、优化资源配置、提高劳动生产率，同时通过便利化、实时化、感知化、物联化、智能化等手段，为农业生产与管理提供精确、动态、科学的全方位信息服务，有利于打破小农经济制约我国农业农村现代化枷锁，将成为打造湖北农业升级版的新引擎，实现湖北农业跨越式发展的重要途径。

二 现实基础

（一）农业综合生产能力稳定增强，农业强省建设取得明显成效

2015 年，全省粮食产量时隔 18 年后再创历史新高，粮食产量达到

2700万吨，实现"十二连增"，为保障国家粮食安全做出了重要贡献。"菜篮子"产品生产实现较大幅度增长，蔬菜、生猪、水产品等农产品产量分别比2010年增长23.0%、14.0%、29.1%，较好地满足了城乡居民的多样化需求。多种农产品产量位居全国前列，油菜、淡水产品产量连续20年保持全国第一位，茶叶、柑橘、蔬菜产量居全国第三、第四、第六位。食用菌、蜂蜜、鲜蛋、淡水小龙虾、河蟹等农产品出口位居全国第一位。

（二）农业结构调整成效显著，农村第一产业、第二产业和第三产业融合发展加快

农业产业结构不断优化，2015年全省养殖业产值占农业总产值42.4%，比2010年增长2.9个百分点。在粮食稳定发展的同时，经济作物发展速度加快，蔬菜成为产值超千亿元的大产业，特色水果快速发展，特色茶比重显著提高。草食畜牧业呈加快发展态势，2015年牛、羊出栏量比2010年分别增长29.9%、8.1%。水产业名特优品种比例不断提高，形成了河蟹、小龙虾、鳝鳅三大"百亿"产业。"十二五"期间全省农产品加工总产值年均增速保持在20%以上，2015年农产品加工业产值与农业总产值之比达到2.45∶1。休闲农业快速发展，2015年全省休闲农业综合收入190亿元，接待游客近4500万人次。农业产业结构调整和农村第一产业、第二产业和第三产业融合带来了农民收入的快速增长，"十二五"期间全省农民收入以平均每年超过1000元的势头增长，增速连续5年高于全国平均水平，增幅连续5年超过全省城镇居民收入。

（三）农业物质技术装备水平显著提高，转型升级迈出坚实步伐

2015年，全省农业科技进步贡献率达到56.7%，比2010年增长2.7个百分点，农科教结合逐步增强。现代农业产业技术体系、动植物良种繁育体系初步建立，良种对农业增产的贡献率达到46%。农机与农艺加强融合，主要农作物机械化生产水平大幅提高，农业生产实现以机械动力为主的历史性转变。2015年，全省农机总动力达到4468.12万千瓦，农机原值达到413.09亿元，分别比2010年增长33%和56%；主要农作物农机作业水平达到65.8%，比2010年增长10.8个百分点。农业信息化发展步伐加快，12316热线实现市州全覆

盖，农业物联网、遥感监测、北斗导航等信息技术加快应用，农村电子商务迅速发展。

（四）农业农村改革稳步推进，农业发展活力不断激发

农村土地承包经营权确权登记颁证工作和农村产权交易市场建设工作在全省全面推进。2015 年 59 个县（市、区）基本完成农村土地承包经营权确权登记颁证工作，实测面积 3013.4 万亩，确权 249.5 万户，订立合同 249.5 万份，建立登记簿 236.5 万份。新型农业经营主体加快发展壮大，各类新型经营主体数量达到 16.4 万家，比 2010 年增长 367.3%。新型职业农民培育工程、现代青年农场主培育计划、农业龙头企业人才支撑计划深入实施，培养了一批具有较多农业知识、擅长经营管理的农业职业经理人，为现代农业发展注入了更多有生力量。全省农村家庭承包耕地流转面积达到 1633 万亩，比 2010 年增长 231.5%；全省适度规模经营耕地面积达到 908 万亩，比 2010 年增长 235.2%。农村金融体制机制改革创新不断推进，金融支持"三农"力度不断加大。

（五）现代农业发展新样板不断涌现，典型示范作用不断增强

启动建设了一批国家级和省级现代农业示范区，在创新农业经营体制机制，推进农业转型升级等方面发挥了有力的示范带动作用。在全省土地确权工作中，推行随县"九步工作法"，广泛宣传土地按户连片耕种的"沙洋模式"。探索形成了土地存贷合作的"彭墩模式"、服务组织托管的"双丰收模式"、社区股份合作的"檀溪模式"、"兴工业、强城镇、带农村、富农民"的"福娃模式"和以种养结合循环发展为主导的"华山模式"。这些模式成为带动农业现代化、工业化和城镇化同步发展的典范。

（六）强农惠农政策强化落实，依法治农取得新进展

配合相关部门积极稳妥地开展农业补贴"三补合一"试点，加大农机"一站式"服务推广力度。会同有关部门制定了湖北农业信贷担保体系建设方案，推行新型农业经营主体试行制度，在恩施州开展金融支农创新试点，在襄阳推行"商圈贷"试点，破解新型农业经营主体融资难的问题。在全省开展农民负担执法大检查，维护农民合法权益。坚持不懈地加强农业法治建设，先后出台了《湖北省动物防疫条例》《湖北省农村土地承包经营条例》《湖北省耕地质量保护条例》《湖北省畜牧条例》

4 部地方性法规，清理省政府规章和规范性文件，精减行政权力和政务服务事项。

（七）农村能源建设持续健康发展，农业生态环境持续改善

全省清洁能源入户达到 417 万户，建设各类供气工程 6532 处，为 30 万农户集中供气。大力推广沼渣、沼液综合利用，以"三沼"为纽带的生态循环农业面积达到 1300 万亩，农业生态环境得到大力改善，有力助推了新农村建设。稻田综合种养等高效模式快速推广，农作物秸秆综合利用以多种方式开展，养殖废弃物无害化处理、资源化利用水平不断提高，农业资源利用率有效提高，农业综合效益稳定提升。

第三节 国外现代农业发展经验与借鉴

一 美国现代农业发展经验与借鉴

（一）美国农业发展经验

美国的农业资源丰富，土地、草原和森林资源的拥有量均位于世界前列。美国有着世界上最发达的农业，其农业在整个国民经济中的比重很低，农业产值占国内生产总值的比例不到 3%。

与所有的发达国家一样，美国政府一向重视农业的基础作用，并采取支持和保护政策。得天独厚的自然条件、政府对农业的支持与保证、现代农业科技的广泛作用，使得美国农业成为世界上最具有竞争力的农业。

1. 美国具有高度的农业产业化水平

美国农业通过农产品市场开拓、高科技成果转换和资源的优化配置，逐步培育和形成了农业产业区。同时，通过兼并重组，土地、劳动力等资源逐渐集中，形成了规模和竞争优势，生产效率高，专业化程度高。美国农业专业化程度，在园艺方面达到 98% 以上，家禽在 96% 左右，果树大约 96%，棉花在 80% 以上，蔬菜为 88%，肉牛为 88%，奶牛为 85% 左右。美国农业目前处于全面机械化、自动化阶段，具有生产方式机械化、智能化，生产技术化学化、生物化等特点。

2. 美国具有发达完善的农业社会化服务体系

经过百余年发展，美国农业社会化服务体系已经高度完善，产前、

产中、产后全面社会化服务体系非常完善。

（1）农业公共服务体系

美国是典型的农业科研、教育与农业技术推广三位一体的农业公共服务体系。这个体系中，农业公共服务体系主要由政府部门构成，包括农业部农业研究局、农业推广局、各州合作研究局等联邦农业研究和推广机构、州立大学农学院、农业实验站以及县农业推广办公室。

在这个体系中，州农学院具有核心地位，农学院的教授和农学院一样必须承担教育、科研和推广三种工作。只有这样，三种工作才可以紧密结合，相互脱节现象不严重，很大程度上保证了美国农业科研的高效、落地与可操作性。

（2）农业合作社服务系统

合作社组织在美国一体化农业服务组织中占有重要地位，它是农场主和同农业有关的生产者为满足自己生产中的不同需要而自愿组织起来的互助组织，主要为农民提供销售、购买、信贷、运输、仓储、灌溉等方面的服务。美国的农业合作社类型多样化，主要是营销及流通领域，可以分为供销、信贷及服务合作社等，每一种合作社的功能是单一的，不具有综合性。其中，供应合作社，专门提供农业物资采购；销售合作社，专门负责农产品的销售；供销服务合作社，专门提供农产品供销社会化服务。

此外，主要由联邦土地银行、合作社银行及联邦中期信用银行三大银行系统组成的美国农业合作信贷体系比较发达。该体系不以营利为目的，为收入较低的农民和小型农场主提供较低利率的农业贷款，并向这些群体传授金融理财知识，提供理财能力。

（3）农业信息化建设

美国目前已发展成为世界上农业信息化发展程度最高的国家。美国农业信息化建设主要受三大因素驱动：①美国国家层面在基础数据以及政策层面的鼎力支持；②先进的信息科学技术的发展和不断完善的信息支撑服务体系；③美国农场的规模化。

信息化极大促进了美国现代农业的进步，以精准农业为例，目前，全美国大约有20%的农场主使用装备有全球卫星定位系统的农业机械，并通过卫星定位系统、土壤传感器、计算机了解并分析耕地的基本元素含量、温度、湿度等，并及时施肥、灌溉、喷施农药等。发达的全球定位系统、农业专家系统、网络化管理系统、智能化农机具系统、系统集成、农田遥感监测系统、农田地理信息系统、环境监测系统和培训系统保证了精准农业的良性运行。

3. 美国农业支持政策

美国以成熟的市场体系和发达的现代农业为依托，形成了覆盖范围广泛和日臻完备的农业支持政策体系。农业支持政策主要包括农产品的价格和收入支持、农业保险政策。

（1）价格和收入支持政策。包括直接支付、反周期支付、营销支持贷款及贷款差额支付、平均农作物收入选择补贴。

（2）农业保险政策。美国农业保险发展历经 70 多年，逐步形成了政府支持和监管农业保险、私营保险公司经营农业保险业务的发展模式，农业保险成为风险管理和保障农村经济发展的重要工具。美国政府不仅为农户提供保费收入补贴，而且补偿保险公司的经营管理费用。通常政府根据产量和收益保险计划和保障水平进行补贴，随着农业保险保障水平的提高，政府逐渐降低保费收入的补贴比例，平均补贴比例为保费收入的30% 。美国政府还为保险公司补贴20%的经营管理费用。2007—2011 年农作物保险的保费补贴金额呈增长趋势，从 2007 年的 38.23 亿美元增长到 2011 年的 74.58 亿美元。

4. 美国生态农业

生态农业目前在美国发展得较好，这与其完善的法律体系、有力的财政支持、雄厚的科技实力分不开。

（1）美国的生态农业发展有一套较完善的法律、法规体系作为保障。为了实施低投入发展模式，以法规形式制定了农药化肥等的投放量标准，规定对生产使用农药化肥造成环境污染者，采用投资课税的方式征收农药税和化学肥料税。

（2）美国政府对发展生态农业的财政扶持力度很大，主要体现在对生产的扶持、对生态农业基础设施建设进行扶持、对农业科研与市场营销的扶持方面。

（3）美国拥有完善的生态农业科研与应用推广体系。1988 年提出了"低投入持续农业计划"（LISA），1990 年又提出"高效持续农业计

划"（HESA）。20 世纪 90 年代中期，精准农业在美国的发展速度相当
迅速，到 2009 年，安装有产量监测器的收获机的数量增长到 35000 台。
美国农业研究局的一个农业系统竞争力与可持续性全国性研究项目
（涉及 15 个州），代表了发达国家在生态农作制度研究领域的最新方
向。由于美国的农业信息化程度较高，在生态农业技术推广和农业检测
等领域进展很快。

（二）美国现代农业对湖北农业的借鉴

1. 注重开展农业合作社的教育和培训

人才是农业合作的核心，最终是现代农业发展的重要条件。合作社
人才的教育与培训，可以使农业合作社得到社会各方面的理解与支持，
促进农业合作社与外界交流与沟通，促进农业合作社事业的发展。同时，
可以提高农业合作社人才的综合素质，增进合作社管理人员的管理水平，
强化合作社社员对未来目标的认知，提高农业合作社管理水平和运营
绩效。

2. 创建良好的合作社制度环境

良好的法律、金融和财政制度，有利于合作社获得经济和政策上的
支持，是农业合作社得以较快发展的重要因素。美国关于合作社的法律
体系较为完善，对于合作社的定义、成立条件、组织机构、与政府的关
系等方面均有完善的法律解释。而我国专业合作社的法律刚刚出台，对
合作社各种事务的规定及法律解释不够完善，合作社的法律体系与法律
制度建设还有待加强。美国金融机构对合作社的信贷支持，尤其是合作
银行对农业合作社发展的资金支持，是美国合作社发展的一个重要特点。
我国因为合作社的法人地位刚刚确立，最为关键的是合作社可以作为合
格抵押品的资产不多，所以专业的金融机构（主要是信用社和农村合作
银行）对合作社不愿放贷，导致对合作社贷款存在贷款额度小、期限短、
手续复杂等问题。政府应积极使用财政贴息、财政补助、项目支持等经
济和财政手段，引导金融机构确立"以农为本、为农服务"的思想，促
进农业合作社与金融机构的协作，鼓励金融机构开展无抵押贷款、合作
社联保信用贷款等金融创新。

3. 强化省内农业高校及科研院所在农业推广体系中的作用

高校在农业研发中具有重要作用，其在农业推广中的作用同样不可

忽视。借鉴美国农业技术推广的成功经验，整合省内农业高校、农业科研院（所）、农业技术推广等部门的资源，强化农业高校和科研院所在农业推广体系中的作用，完善其管理体制和运行机制，积极推进政产学研的紧密结合，加快农业科技成果的转化和推广，提高农业科技成果的转化率，为现代农业发展奠定良好的技术基础。

4. 开发多样化的农业保险产品

农产品风险除去自然风险外，价格风险不容忽视。目前湖北保险尽管具有一定的规模，但险种主要是以成本为基础的产量保险（自然风险），未有针对产品价格的保险（市场风险），保险产品的创新势在必行。多样化的农业保险，湖北可以从三个方面入手解决：一是扩大农户个体产量保险的同时，积极探索区域产量农业保险产品，将保险区域从农户扩大到县域或市域，这样可以有效减少农户的道德风险和逆向选择，并且方便核保与理赔。二是试行收益保险产品。收益保险产品的承保对象是农产品的收益，这样可以有效降低农产品价格波动剧烈的风险，补偿农户价格波动的损失，但因为中国许多农产品因市场供求而价格波动剧烈，所以此类保险保费偏高，可以在农业经济发展水平较高的地区率先试点。三是试点指数保险产品。指数保险产品可以避免逆向选择、降低经营成本，并同时具有核保简便，方便理赔的优势，所以是目前各国积极试验的新型保险产品。指数保险要求相对完善的气象数据，伴随中国地区气象数据和资源数据的完善与天气预测预报技术的进步，国家应积极支持具备技术条件的地区推行指数保险。

5. 大力发展生态农业

生态农业因资源节约、环境友好的优点成为现代农业的主流，生态农产品因其安全可靠而备受青睐。湖北省具有发展生态的资源优势，大力发展生态农业成为未来湖北省现代农业发展的必然选择。具体措施上，一是构建一个良好的促进生态农业发展的法律、法规体系，有法可依，有章可循，用法律手段为湖北生态农业发展保驾护航，使湖北生态农业发展法制化、规范化。完善农业生态环境保护的政策法规，加快治理农业面源污染；制定补贴、税收等支持政策，充分利用经济手段规制生态农业发展。二是加大生态农业财政扶持力度，注重生态农业科研与技术的研发与推广。政府建立生态农业专项资金，引导科研、教学、设计部门深入农业生产第一线,加强生态农业基础性研究和前瞻性研究。同时,建立多元化的资金投入体系,加快生态农业科技成果和生态农业新技术的推广应用,大力推广如节水技术、面源污染控制技术、循环农业技术和绿色耕种技术,提高生态农业发展的深度与广度。

二 日本现代农业发展经验与借鉴

(一) 日本农业发展经验

1. 日本农业社会化服务体系

日本农业社会化服务体系的核心是"农协","农协"是"农业协同组合"的简称。日本 1947 年颁布了《农业协同组合法》,至今已修订了 28 次。根据此法,建立了农民互助合作组织,经过战后几十年的发展,形成了目前的农协。日本的《农业协同组合法》是依据罗虚代尔原则制定的,该法认为农协应具备以下条件:(1) 必须是农民自己的组织,其活动不受外界组织的干涉和支配;(2) 非农民者只能以农协的准社员资格参加农协的合作活动,非农民者没有选举与被选举权;(3) 农民有权选择并决定合作经济活动的内容与方式;(4) 农协的组织制度和运营管理必须最充分地代表参加者(农民)的全体利益。

农协具有基层农协,都、道、府、县农协,以及全国农协三级农协组织系统。农协主要职能有:(1) 生产指导;(2) 农产品销售。销售是农产品实现其价值、农民获得生产收益的关键环节;(3) 集中采购生产生活资料;(4) 信用合作;(5) 共济和社会福利。

日本通过农协中央学院、地方农协大学及各种研修中心,定期对农协董事会和监事会社员及管理人员进行脱产培训,进行互助精神和合作社原则的教育,加强农协内部各专业技能的培训。日本对农协给予税收支持,主要体现在日本对合作社和企业实行差别税率。农协缴纳 39% 的所得税,远低于一般股份公司缴纳的 62%;农协缴纳 27% 的法人税,低于一般企业缴纳的 35.5%。金融环境上,日本农协也享有相当的优惠。农林中央金库的主要放款对象为所属合作社团体,非合作社团体只有在资金剩余时才可获取放款,其难度要大于合作社团体。

2. 日本农业保护政策

1961 年,日本政府颁布实施了《农业基本法》,细碎化耕作模式被打破，日本现代农业开始发展。同时，日本政府还相继颁布了多项法律法规来完善该项农业保护政策，并采取稳定价格制度、最低价格保证制度和差价补贴制度等对农田水利建设、农业现代化设备、农贷利息和农产品价格等方面对农业生产进行补贴。农业保护政策和补贴为日本现代农业发展提供了强有力的保障。

3. 日本农产品品牌建设

日本创新和建立调动农民智慧，注重发掘各地区独特的资源优势，大力推动"品牌农业"建设，逐步创建了大分香菇、松板牛、高知酱油、富士苹果和越光大米等著名的农产品品牌。

（1）强化高品质的品牌定位，通过不断创新，提高日本农产品品质

"品牌日本"战略规划注重提高产品的营养成分，改善口感等品质，所示品牌的高附加值效应。例如，日本"松阪牛"的饲养程序极为严格，饲料必须是大麦、豆饼为主的混合饲料，喝啤酒、为牛按摩、让牛听音乐、接受日光浴。严苛的饲养程序带来无可取代的品牌形象和高昂的价格，一头优质"松阪牛"的价格售价高达四五千万日元。同时，农林水产省及相关机构开展了促进日本加工食品供给等技术开发项目，通过规范化生产和技术创新，提高农产品品质，创建农产品品牌。

（2）推行品牌认证制度

农林水产省制定推行在全日本范围内实施"本地本物"认证制度，并支持各县开展各种形式认证制度、健全认证标志使用。日本农协注重品牌农产品品质可视化的符号标志，严格管理和控制品牌农产品品质，强化农产品品质外部识别，积极推广和传播农产品品牌。

（3）充分发挥品牌专业机构的军师作用，进行专业规划

日本的广告及品牌相关公司在"品牌农业"的农产品品牌建设中发挥了重要作用，成为"品牌日本"品牌建设中的亮点和特色。日本"品牌农业"将农产品通过商标形成品牌实体，并通过各种方式传播品牌的实体和相关信息，尤其通过品牌名称的传播提高知名度、认知度和好感度，达到品牌忠诚。日本的农产品品牌传播主要通过农协、企业、政府相关部门委托广告公司等品牌传播机构完成。

4. 日本农业物流运作模式

目前，日本主要有两种农业物流运作模式：一种以农业协同组合为

中心,另一种以批发市场为中心,两种物流运作模式共同作用,形成了日本现代农业物流体系的雏形。

日本农协通过在全国设立分支机构,自上而下、覆盖全国农村,这种组织结构层次清晰、分工明确,成为农业物流渠道建设的基础。同时,依靠在农村的分支机构,成为最主要的产地供货团体,组织化、规模化的物流运作,集中农户,解决了生产规模小、农产品销售分散的问题。

以批发市场为中心,由批发市场发挥连接上下游企业、农户以及消费者,成为批发市场的农业物流运作模式,可以大幅度削减流通过程中换装、组配的物流费用和交易成本,从而降低整个供应链的成本。其基本流程:农产品—批发市场—零售商—销售—消费者。日本的批发市场完善的存储、冷风冷藏、配送搬运等设施,保证农业物流的顺畅高效。

(二)日本现代农业对湖北农业的借鉴

1. 采取农业适度保护政策

城市化进程的加快,导致湖北省农村出现了人口"空心化"现象,表现为农村人口减少,特别是青壮年的减少,从事农村生产的主要是老人、妇女和小孩。农村空心化不利于湖北现代农业的发展。

农业是一个弱质产业,对农业进行适当的保护是必不可少的。目前,限于财力,湖北省农业保护力度不够,相比日本等发达国家还有很大的空间。湖北应从省情出发,吸取日本现代农业发展中的经验教训,制定出一套适合省情、促进现代农业发展的农业保护制度。湖北省农业保护制度的基本点在于积极推进农业规模化、产业化经营,立足提高农业劳动力生产率,兼顾农产品供给与农民收入提高。

2. 加强农产品品牌的培育

目前,湖北省共已初步形成"以市场需求为导向、标志品牌为纽带、龙头企业为主体、基地建设为依托、农户参与为基础"的农产品品牌发展格局。但整体来看,湖北省农产品品牌建设与其农业大省地位不相称,主要表现在农业品牌辐射力低、认知度低、全国性大品牌数量少。加强农产品品牌培育,促进湖北省从农业大省向农业强省的转化,可以重点关注以下几项工作。

(1)加大技术创新,强化品牌增值。农产品品质,是实现农业可持续发展的本质需要,是农业品牌的内在要求。加大科技投入,加大技术创新，从品种研制、良种选育、收获储存、加工包装等各个环节提高产品品质，并通过品质促进品牌，强化品牌增值能力。

（2）加强优质农产品生产基地建设。按照"区域化布局、专业化生产、标准化管理"的要求，围绕农业标准化生产、农业投入品监管、产品认证、科技培训等关键环节，大力加强优质农产品基地建设，以优化农业产业结构、提升农产品质量安全水平、强化农产品品牌，推进传统农业向现代农业转变。

（3）加强农产品区域品牌的营销推广，打造强势品牌。多形式、多渠道加强农产品区域品牌的形象，首先，可以完善地方政府的区域门户网站，发挥窗口效应，提升品牌知名度；其次，大力发展会展经济、扩大品牌影响力，利用展会、国际交流、文化节等；最后，加强品牌宣传报道，提升品牌知名度与美誉度。

3. 发展生态农业

充分迎合消费者对农产品优质、生态、安全性要求的提高，以洁净土地、洁净水源为基础，以培肥地力为主要手段，农机农艺技术相结合，充分利用有机肥、绿色生产技术、化肥减量技术、农药减量技术等生态农业技术，大力发展生态农业。

三　荷兰现代农业发展经验与借鉴

（一）荷兰农业发展经验

荷兰位于欧洲大陆西北部，国土面积不到4.2万平方公里，包括农业与畜牧业在内的整体农业用地约2万平方公里。全国人口1600多万人，直接从事农业的人口为总人口的2%，人口密度达每平方公里435人，人均耕地面积仅1亩多，是一个典型的人多地少的国家。

根据当地土壤和气候条件，通过建立和发展完善的农业合作社体系、"OVO三位一体"的知识创新体系、产业化的生产经营模式、合理的农业补贴政策等，以高附加值的园艺业和畜牧业为主导产业，荷兰农业走出一条独特的发展之路。荷兰在国际农产品贸易中占有举足轻重的地位，成为仅次于美国的世界第二大农产品出口国，是名副其实的农业强国。

1. 荷兰的农业合作社体系

荷兰的农业合作社，总体上分为信用合作社、供应合作社、销售合作社、服务合作社以及农产品加工合作社等类型。尽管职能不同,类型迥异,规模上也差别很大,但荷兰农业合作社共同坚守着独立性、自愿性、民主性、紧密性、非资本获利性的基本原则。

荷兰农业合作社帮助农民处理农业产前—产中—产后的各项事宜,既可以提供廉价优质的生产资料减少生产成本,又可以分担市场风险保障农民的预期收入。另外,合作社农户可以在年终参与合作的二次利润分配,增加了合作社凝聚能力,强化了农户的主人翁地位。

荷兰农业合作社运营规范、操作透明,维护了农民加入合作社的利益,也为合作社的长期运转提供了动力。农户通常加入至少一家合作社,且会与合作社维持长期稳定的合作,农户对合作社保持足够的信任。农业合作社成为荷兰最主要的生产组织模式,遍及全国,涵盖农业生产、农产品加工、销售和农业信贷、农业生产资料供应等各个环节和领域。

2. "OVO 三位一体"的知识创新体系

荷兰"OVO 三位一体"的知识创新体系是指农业科研、教育和推广系统,该体系由农业、自然管理和渔业部(LNV)统一负责。三个系统相辅相成,成为荷兰农业发展的三大基石,共同搭建起了荷兰高效运行的知识创新体系。

(1)荷兰农业科研系统

农业科研由农业试验站、区域研究中心、研究所和大学等组成,它们拥有不同的研究方向和研究重点,分工明确且相互合作。目前全国拥有 100 多个农业研究机构。这些研究机构大部分位于荷兰海尔德兰省瓦赫宁根市及其附近,这为其交流和合作带来了极大的便利。

(2)荷兰农业教育系统

荷兰农业教育由初等、中等、高等和大学 4 个层级构成,已然形成了相当完善的农业教育体系。在正规农业教育之外,还存在着相当完备的农业职业教育和技术培训系统,供农民相互切磋和交流农业生产经验。

(3)荷兰农业推广系统

荷兰农业科技推广体系由 4 部分组成:以政府为主的公益性农业技术推广系统;以各类农业协会为主的社会经济推广系统;以各类私营农场与私营企业为主的农业技术推广系统;以农民合作社为主的农业技术推广系统。

荷兰农业推广工作涉及范围大体包括农业技术推广（良种、良法、农机具等）、农场经营管理（成本核算、投资分析等）、农村社会经济生活（法律事务、经济合同等）3个方面，基本涉及农村生产和生活的重要方面。荷兰推广经费主要用于支付推广人员的工资、差旅费、组织各种推广活动、试验示范等。

3. 荷兰农业产业化

（1）充分发挥农业的比较优势

按照比较优势原则进行农业资源的配置和优化组合，对于农业优势领域多发展、多出口，对于农业非优势领域则少发展甚至不发展，利用进口来弥补国内的供需缺口。在荷兰，已经形成了以能够集约使用土地的园艺业和畜牧业为主、以大田种植业和谷物种植业为辅的农业结构，有效提高了农业资源的利用效率。

（2）重视市场体系建设

荷兰的市场体系建设非常完备，具有非常发达的农产品交易系统，形成了卓有成效的农产品营销制度，将农产品产前、产中和产后的各项活动连接为一条农产品营销链。政府制定有严格的市场准入制度和公平交易制度，确保交易活动的公平公正和井然有序。

（3）提供优质的金融服务

荷兰建立了农民合作金融制度，其组织是"农民合作银行"，该银行独立于政府，职能是为社员提供信贷支持和其他金融服务，解决了农业产业化经营中的资金约束问题。目前农民合作银行为荷兰农民提供了90%的信贷，是荷兰农民强大的资金来源。

（4）构建坚实的科技基础

荷兰政府对农业科技发展非常重视，"OVO三位一体"知识创新体系为荷兰农业发展提供了雄厚的科技后援保证，极大地提高了农产品的科技含量，是推动荷兰产业化经营的核心力量之一。

4. 荷兰农业补贴政策

第一，以保持农民收入稳定为主要目标，近年来开始关注环境和农村发展问题。荷兰农业补贴的主要对象是农场主，目标重点是在保持国内生产稳定的基础上，保障农民收入稳定。随着欧盟共同农业政策向生态环境和农村发展倾斜，荷兰农业政策已将农业生产中的水资源保护、肥料用量、食物安全,以及动物福利等指标与获得直接补贴挂钩,并逐步加大农村发展的支持,以确保生态环境不被破坏、农业可持续发展。

第二,以相关法案为基础,补贴稳定性强。荷兰的农业补贴有相关法案为基础,补贴预算具有强制性和稳定性。在荷兰,每四年要进行一次本国预算法案的研究,确定补贴政策。由于有比较明确的法律依据,每年补贴额相对稳定。因此,荷兰农民对其享有的补贴项目和补贴金额有比较明确的预期,能够据此合理地安排生产活动。同时,大量实行基于历史数据的脱钩直接补贴,也有利于比较准确地核算补贴规模。

第三,补贴政策体现公平性,同时向重点地区和重点品种倾斜。目前欧盟的共同农业政策多为脱钩直接补贴,依据是历史面积或产量,各项补贴能够全面覆盖所有农场,补贴标准基本一致,农户所得补贴比较公平。同时,补贴会向重点地区和重点品种倾斜。例如,荷兰的贷款担保基金重点扶持中等规模的成长型农场。

(二)荷兰现代农业对湖北农业的借鉴

1. 引导和扶持湖北农村合作社的发展

湖北政府应推动农村合作社的健康快速发展,农村合作社应坚持如下基本原则:第一,自愿原则。合作社应充分尊重农民的意愿,尊重农民的生产经营自主权,实行"入社自愿,退社自由"。第二,非营利原则。合作社是一个为农民服务、让农民受益的机构,必须强调合作社的非营利性质。第三,民主原则。农村合作社的主体是入社的农民,合作社的运营、管理应由农民做主。第四,独立原则。合作社具有独立的法人地位和完备的立法,合作社应有自己的章程,不受政府的干预。

2. 建立科学高效的湖北农业科技创新体制

(1)湖北科技创新体系结构

建设以国家农科院所、省级农科院所、农业高校、涉农企业等为一体的科技创新研发平台,明确各自的重点与分工,为湖北农业发展提供技术支撑。构建湖北新型科技创新的农业教育机制。一方面,湖北农业高校、农科院所应加大专业、课程设置的灵活性,对学生加强实践环节的培养,增强学生应用操作的能力,并引导学生在实践中思考;另一方面,应加强对农民(尤其是新一代农民)的培养,使其具备农学、机械学等知识与技能。

（2）科技创新需围绕湖北具有优势和特色的农产品、产业链进行

湖北省科技创新尤其应对粮食、油料作物给予重点关注，保障我国的粮食安全和食用油料安全。在此基础上，对湖北特色农业产业（如渔业、食用菌产业）的未来发展任务和发展目标进行详细规划，围绕这些目标有重点、有针对性地进行科技创新。

3. 推进湖北农业产业化发展

农业产业化包括生产资料的供给、生产管理、农产品加工及销售等，可以将农民—农村合作社—农产品供求市场—农产品加工及销售企业紧密结合，优化资源配置，引导农业规范、有序生产，使农业高产、优质、高效。

（1）大力培育农业龙头企业

龙头企业处于农业产业化链条领头羊位置，可以有效带动农业各部门生产力和技术水平的提高，是实现湖北农业产业化经营的关键。湖北省大力培育农业龙头企业，需着力发展以下方面：第一，提高企业的组织管理水平。农业产业化龙头企业应重视高级管理人才的引进和挖掘，培育懂经营、善管理、有战略眼光的中层领导干部，加强对于基层员工的技术、管理、营销方面的培训，提高企业核心竞争力。第二，提高农产品的核心竞争力。推动湖北龙头企业集群发展，培育壮大区域主导产业，增强企业品牌的影响力与辐射力，强化品牌附加值；积极与高等院校和科研院所建立合作关系，加大技术投入，强化技术创新，大力发展高品质、具备国际竞争的农产品。第三，加强财政扶持。政府应积极利用财政与经济手段，落实优惠的税收政策、土地政策、金融政策等，积极利用科技项目，引导农业产业龙头企业进行技术升级和迭代。

（2）强调农村合作社纽带作用

农业产业化进程中，合作社上联企业，下接农户，具有良好的纽带作用，是农业产业化良性发展的润滑剂。政府应大力运用各种经济、财政、税收、补贴等手段，倡导和扶持发展农村合作社，鼓励各种新型农业生产经营主体成立、加入、利用农村合作社，推进农业组织化。同时，在自愿前提下，引导农民加入合作社，真正将农民、企业、市场连接起来，形成农业产业化新体制。

4. 完善湖北农业补贴政策

（1）坚持以促进重点农产品生产供给为目标

我国的粮食、油料安全依旧是事关国计民生的大事情，粮食供需缺口依然较大，粮油安全面临巨大压力。因此，未来20年，保证粮食、油料的供给依然是我们现代农业发展的一个重点，当然，补贴的重点和方向在粮食和油料作物。在财力许可前提下，湖北省应在维护对粮食、油料作物生产补贴，不断加大补贴力度，增加补贴规模的同时，提高补贴标准，调动农民的生产积极性，促进粮油生产的稳定发展。

（2）农业补贴应关注生态保护和可持续发展

近年来，随着湖北省对农产品需求的刚性增长和农业产出的持续增加，湖北省农业资源利用的可持续性变得尤为重要，但湖北省在农业生态保护和可持续发展方面的支持政策还十分薄弱。因此，在未来，湖北省政府应向欧盟国家学习，加大和落实在农作物秸秆还田、肥料科学合理施用、农药残留污染控制等方面的补贴，促进资源的循环利用，减轻农业面源污染。

（3）建立农业补贴的信息系统

湖北省应立足长远，建立各农民的农业补贴信息数据库，并将数据及其核算方式公开化、透明化，一方面，可以实现对农业补贴信息的及时准确记录与测算，以供今后的查阅需求；另一方面，有利于社会对补贴政策的监督，打消农民由于补贴信息的不对称所产生的疑虑，同时又能够实现补贴信息的网络化资源共享。

第四节　湖北现代农业发展：案例与启示

一　农业园区驱动型——湖北房县农业科技示范园

（一）基本含义

现代农业园区是以技术密集为主要特点，以科技开发、示范、辐射和推广为主要内容，以促进区域农业结构调整和产业升级为目标，不断拓宽园区建设的范围，打破形式上单一的工厂化、大棚栽培模式，把围绕农业科技在不同生产主体间能发挥作用的各种形式，以及围绕主导产业、优势区域促进农民增收的各种类型都纳入园区建设范围。

以"利益共享、风险共担"为原则，以产品、技术和服务为纽带，利用自身优势、有选择地介入农业生产、加工、流通和销售环节，有效促进农产品增值，积极推进农业产业化经营，促进农民增收。重点突出体现农业科技的作用，形成新品种新技术引进、标准化生产、农产品加工、营销、物流等各种形式的示范园网络。

（二）现代农业园区分类

1. 新农村家园

生产发展，生活宽裕，乡风文明，村容整洁，管理民主，这是十六届五中全会对新农村的定义，也是新农村发展方向。

2. 农村科技园区

包括农业示范园、农业科技示范园、高新技术示范园、工厂化高效农业示范园、持续高效农业示范园等。

3. 农业旅游园区

包括农业观光园区、休闲农业园、采摘农业园、生态农业园、民俗观光园、保健农业园、教育农业园等。

4. 农业产业化园区

包括粮食生产产业化、肉类生产产业化、奶业生产产业化、温室业生产产业化等。

5. 城市型生态产业园

以农民为主体经营的生态庄园，在城市可称为市民生态农园。

6. 生态餐厅园区

包括温室餐厅、体验餐厅等。

7. 农产品物流园区

它是营造农产品物流优良环境的一个区域，具有系统性和综合性，也是现代农产品物流技术、信息、设备、人才、管理、资源、客户的集中地。

（三）湖北房县农业科技示范园

1. 房县农业科技示范园简介

房县科技示范园主要包括山羊、中药材、茶叶、核桃、食用菌、烟叶、大鲵、蔬菜八大农业科技示范园区，八大示范园区规划科学，布局合理，取得了一定的社会、经济效益，是房县实施农业稳县战略的具体实践。房县按照"围绕龙头、突出特色、依托市场、连片开发"的思路，用大园区推进大产业。先后建成土城百万袋食用菌、军店万亩中药材和万亩核桃、窑淮万亩有机茶、红塔万只山羊、野人谷万亩高山菜、九道万亩烟叶等农业科技示范园，全县千亩以上集中连片产业基地达 27 个，500 亩以上产业基地达 86 个，特色产业专业乡镇达 8 个，特色产业专业村达 113 个，特色产业园达 159 个，特色产业示范户达 3100 户，形成了县有示范园、乡镇有示范片、村有示范户的产业发展格局。目前，该县累计流转土地 14 万亩，建成各类产业基地 120 余万亩，特色农产品年产量达 41 万吨，年产值达 33.2 亿元。其中，以发展地道中药材为重点，以神农本草中药饮片为龙头，建成军店镇下茅坪万亩中药材 GAP 科技示范园；以军店镇、九道乡、上龛乡为重点，建成军店中村万亩核桃示范园区；发挥"房县黑木耳""房县香菇"品牌效应，建成土城龙坪百亩食用菌示范园区；以培植"房陵"品牌山羊为重点，建成红塔桂坪百亩山羊示范园区；以发展高香绿茶为重点，依托房县神农贡茶业有限公司，以窑淮镇、红塔镇为中心，建成红塔桂坪、窑淮窑场两个千亩茶叶示范园区。以现代农业科技示范园区辐射带动大基地建设，突出技术集成转化，不断提升农业科技创新、科技示范和科技带动能力，初步形成了长短结合、特色鲜明、优势互补的产业格局，助推全县农业经济实力全面提升。

2. 房县农业科技示范园的主要做法

近年来，房县按照区域化布局、产业化开发、多元化投入、特色化经营的思路，把加快发展现代农业园区作为培育优势特色产业，引导农业结构调整，促进农业科技成果转化，带动农民增收的重要工作来抓，高标准、高质量建成了一批特色明显、科技水平高、经济效益好、带动能力强的现代农业园区，着力把农业向规模化、区域化、品牌化方向转变。主要做法包括：

（1）大力发展特色高效农业，实现农民增收和科学致富。立足本地资源优势、生态优势，按照"标准化生产、产业化经营、规模化发展"的要求，以产业基地、产业园区为抓手，搞好生产规划布局，加强种植基地管理，加强特色产业基地建设。山羊、中药材、茶叶、核桃、食用菌、烟叶、大鲵、蔬菜八大农业特色产业进一步壮大，并形成以窑淮、姚坪、红塔为重点的茶叶核心板块；以大木、土城、野人谷为重点的绿色无公害蔬菜核心板块；以化龙、军店为重点的地道中药材核心板块；以九道、上龛、门古为重点的现代烟草核心板块；以土城、窑淮为重点的食用菌核心板块。农业科技园区引领全县农业特色产业取得了长足发展，截至 2016 年底，大力实施品牌兴农战略，加大无公害、绿色、有机品牌的培育、认证力度，逐步实现产业培育品牌、品牌提升价值的良性循环。目前，该县已创建无公害、绿色、有机食品品牌 42 个，房县黄酒、香菇、黑木耳、"冷水红"胭脂米等 7 个产品成为国家地理标志保护产品，房陵本草被认定为中国驰名商标。

（2）注重龙头企业带头作用。以武烟集团为龙头的烟叶加工企业，以聚达食品、森飞食品为龙头的农产品加工出口企业，以武当动物、神农本草为龙头的医药生产企业，以吴氏茶叶、神农绿色食品为龙头的茶叶加工企业，以兴祥皇酒、古月香食用油为龙头的粮油饮料加工企业，实行"公司＋基地＋农户""公司＋协会＋农户"的发展模式，通过科技嫁接改造，提升研发能力，搞好精深加工，延长产业链，农产品实现就地转化增值，产品档次得到提高，优势产业集群快速集聚，产业规模不断壮大，市场营销渠道得以拓宽，市场占有率扩大，带动产业提质增效。

（3）连片开发科技示范园区，发挥辐射带动作用。按照"围绕龙头、突出特色、依托市场、连片开发"的思路，用大园区推进大产业，建成了山羊、中药材、茶叶、核桃、食用菌、烟叶、大鲵、蔬菜八大农业科技示范园，初步形成了长短结合、特色鲜明、优势互补的产业格局。不断加大科技、资金投入，加强管理，充分发挥现代农业科技示范园的教育、示范、引领功能，大力推广特色产业标准化生产，以园区建设为引导促进农业特色产业规模化发展。

（4）加强科普教育和技术推广，推动农业科技水平。结合阳光工程，开展多渠道、多层面、多形式的农民实用技术技能培训、创建农村青年创业协会等；抓好农村劳动力培训、转移，大力实施农民创业就业技能培训工程，提高农民素质；结合基层农技推广体系改革与建设示范项目，实施"十百千"科技入户工程。大力推行预留行间作套种技术，变一熟制为二熟制、多熟制，推广一地四熟。水稻轻简化栽培、地膜玉米覆盖、高山两膜两段栽培、测土配方施肥、病虫害综合防治、茶叶无性繁殖短枝扦插、无公害绿色有机茶叶标准化生产、武当道茶系列加工、中药材 GAP 标准化生产、生猪"150"和山羊"1235"及蛋鸡"153"养殖技术等一大批新技术得到重点应用,农业产出效益明显增加。

二 精准扶贫型——湖北省鹤峰鑫农茶业有限公司

(一)湖北省鹤峰鑫农茶业有限公司简介

湖北省鹤峰鑫农茶业有限公司是一家以茶产业和生态旅游业为主的股份制民营企业,下设鑫农茶业、昱鑫旅游等分支机构,领办和联办有景鑫等 8 家专业合作社,帮扶 33 家茶叶初制加工厂;创建了具有"世界茶谷"和"中国最美茶园"美称的木耳山万亩连片生态茶园基地;拥有出口茶叶种植备案基地 5 万亩,有机茶园 3542 亩,茶叶年加工能力 1 万吨,员工 770 人,总资产 2.6 亿元。是湖北省最大的茶叶出口生产企业,先后获评"全国惠农兴村先进单位""全国'万企帮万村'精准扶贫行动先进民营企业""中国茶叶行业综合实力百强企业""农业产业化省级重点龙头企业""全省纳税信用 A 级纳税人""全省重合同守信用企业""恩施州企业三十强"等荣誉,公司负责人被评为中国好人。

鑫农公司在党委政府的领导下,在各级各部门的支持下,以习近平新时代"三农"思想为指导,始终秉承"兴业一隅、富民一方"的经营理念,把产业发展和精准脱贫、竞进小康结合起来,创新实施"公司 + 加工厂、合作社、基地、大户、电商、就业 + 产业"的"161 +"产业扶贫模式,再加金融扶贫、科技培训、爱心救助、全域有机、市场拓展等措施,有力助推走马、铁炉、五里等乡镇 35 村、1 基地、1458 户、5313 人脱贫增收。

(二)主要做法

1. 发挥龙头企业带动作用,形成"161 +"产业扶贫辐射效应,投身"千企帮千村"脱贫攻坚行动

(1)按照"公司 + 基地 + 产业"模式,利用基地的作用把分散的农户集中起来,引导他们干、指导他们做、帮助他们销。

根据房县茶园面积已发展到 35.5 万亩,且 90% 的村和 70% 的农户种茶,农民收入的 50% 以上来自茶产业,茶产业覆盖了 60% 的贫困户

这一县情，公司按照县委、县政府科学绘制的茶叶"全域有机"发展蓝图，积极参与其中。一是 2018 年投入资金 1390 万元，在走马、铁炉两乡镇 20 个村新发展茶叶基地 2016 亩；二是在铁炉渔山、走马红土、李桥、红罗沟等村开展有机茶转换基地 4679 亩，安插色诱防虫板82000 多张，发放有机肥 1008 吨；三是以木耳山茶园作典型引路，带动全镇茶农积极参与，在茶叶绿色防控、统防统治和有机茶建设方面取得了很大的成效，为全县有机茶创建、绿色防控积累了经验。公司对夏茶送样检测中得知，木耳山、红土两基地的茶叶已达到低农残标准（欧盟标准）。木耳山的茶叶已成了茶叶收购户争相抢购的香饽饽，得到了政府及部门的充分肯定和高度赞扬。公司在上半年的工作总结大会上，对木耳山专业合作社的工作给予了充分肯定，并对刘柏芝等六位"161 +"产业脱贫攻坚带头人进行了表彰奖励。这样做，既保证了茶叶的品质和数量，又提升了企业的综合竞争力，实现了企业赢利、农民增收、土地增效。

（2）按照"公司 + 大户 + 产业"模式，把有能力有志向成为产业发展领头人的农户组织起来，引导他们创新经营模式，创新生产经营主体，带动贫困户参与生产，形成以家庭经营为基础的组织模式和利益共同体，为贫困户提供了在家门口就业的机会。

对在走马等乡镇扶持的收购、养殖、种植等 10 户大户，不仅对其在资金、技术等方面予以帮扶，还以保护价收购其产品。这样既能创新生产经营主体，带动贫困户参与生产，又能推广先进农业生产技术，提高了农业生产的规模化、标准化、市场化水平。时务村有机茶种植、加工大户汪承云在经营发展中，给贫困户发放肥料 5000 斤，聘请了 22 名贫困户在自己创建的有机茶基地参与管理和加工，发放工资 9 万多元。芭蕉村茶叶种植、加工大户刘大兵在公司召开的半年总结会上说："以前我一年只能生产茶 7 万斤左右，2016 年半年就生产了 10 万斤干茶。在经营过程中，还聘请了 6 名工人来加工厂进行茶叶加工，其中贫困户 4 人，支付工资 39000 元，这是因为在鑫农公司的帮扶带动下，我有了底气，我还给茶农发放有机肥 40600 斤，其中贫困户 30200 斤，占 74%，带动他们增效增收，使我与茶农们共同尝到了鑫农公司'161 +'产业扶贫模式发展茶产业，助推脱贫攻坚的甜头。"

（3）致力于茶旅融合发展，着力推进脱贫致富

公司以木耳山和鑫农苑为中心，依托优越的人文景观和生态茶园，把茶区变景区、茶园变公园、茶山变金山。一是开发游客采茶制茶体验旅游；二是开发院校合作、基地学习研究旅游；三是开发电商线上购买茶园或果园产品活动。聚智探索茶旅融合的"金点子"。

（4）创新"公司＋电商＋产业"模式，推进旅游宣传，吸引游客进山旅游。一是编制宣传专栏，制作必要的宣传标语增加现场氛围；二是以"互联网＋"创新推动宣传，加强公司网站建设和维护，使公司网站页面得到了"百度""360""搜狗"等知名网站收录使用，其中北京、浙江、湖北三地区浏览量分别达到了 43.5%、15.3%、27.2%，扩大鑫农影响；三是在民间广泛收集文物和民间故事，以发展茶产业为载体，充实"宜红源展厅"，深度挖掘茶文化内涵，走出了一条以茶促旅、以旅兴茶的可持续发展之路，搜集并编写扶贫和民间故事，使民族茶文化和旅游文化得到弘扬和传承；四是坚持按月出刊《鑫农简报》，传递"中华民族一家亲，同心共筑中国梦"的正能量。

2. 推进农业供给侧结构性改革，建设现代茶叶加工园

一是调整生产规模，提高产品质量，完善资源的配置。目前，公司加工厂生产线已扩建到 5 条，茶叶年加工能力 1 万吨，总资产达到 2.6 亿元。研发生产的"白果牌"恩施硒茶·鹤峰茶、"走马翠毫"绿茶和"容美红"红茶在 2017 年分别获得"中茶杯"金奖和一等奖，其中"走马翠毫"绿茶在第二届中国国际茶叶博览会上再次荣获金奖；出口品牌"Floria"和"Eraki"等珍眉硒茶产品在欧、非、亚等 11 国备受青睐。二是公司为进一步提升扶贫效果，落实帮扶责任，成立了以总经理为总负责人的 10 人帮扶领导小组，由社会事务部组织专班深入到各村进行走访、调查，针对"部分贫困村或茶叶产业发展薄弱村仍然存在茶叶加工厂少，生产能力弱，不能解决农户茶叶销售的困难，使得农户的茶叶收益很低"的问题，公司决定增加投入，在没有加工厂的边远村按照"公司＋加工厂＋产业"的帮扶模式，建设茶叶加工厂。如在铁炉乡渔山村采取"村企共建"的模式新建茶叶粗制加工厂后，不仅解决了当地农户卖茶难的问题，而且极大地提高了农户发展茶叶的积极性，自发的成立了有机茶生产合作社。贫困户邓菊秀说："过去她采摘的茶，送到收购茶

的地方，来回要花去40元的车费，茶叶只能卖7元/斤，除去车费后，所剩无几。现在鑫农公司在我们村建厂后，由于茶叶质量有了保证，每斤可卖到20多元，收入是原来的3倍以上。"这种"把加工厂建在基地，把基地变成生产车间"的产业发展模式，既保证了茶叶的质量，又提高了产品的附加值，不仅让广大茶农因茶而富，还创新了村级集体经济发展的新途径。公司2016年投入资金491.4万元在24个贫困村或茶叶产业发展薄弱村新增帮扶建设了11家茶叶粗制加工厂。其中公司在铁炉渔山建成的标准化茶叶粗制加工厂，起到了提高茶叶生产加工质量和发挥示范引领作用的良好效果，从根本上解决了渔山、唐家等村茶农卖茶难和加工难的难题，得到了州委书记的充分肯定和高度赞扬。公司帮扶的加工厂2018年上半年销售干毛茶1198.5吨，销售收入达1749.81万元，收购茶农鲜叶4794吨，均价2700元/吨，茶农收入达到1294.38万元，其中贫困户占43%。外地参观取经的人们考察后说，鑫农周总的中国好人精神给他们增添了脱贫攻坚的力量，鑫农"161+"产业扶贫模式是他们脱贫攻坚的样板。

3. 顺势而为、更新观念，创新"161+"产业扶贫模式，决战脱贫攻坚，决胜全面小康

在深化"161+"产业扶贫模式，助推脱贫攻坚工作中，一是用活金融扶贫政策，牵手银行，增加普惠金融扶贫。即：围绕鑫农扶贫模式，引导贫困户参加"政府+银行+企业+产业+合作社+贫困户"，以龙头企业为核心，以产业发展为纽带的"六位一体"的普惠金融扶贫，担保帮扶的加工厂、大户等开展普惠贷款625万元。二是用活科技培训政策，增加科技培训力度，提高贫困户发展生产的能力。公司2016年已组织科技培训20期，培训人数达到1500多人次，覆盖了15个村。三是履行龙头企业社会责任，扶危济困，增加爱心帮扶。公司组织当选的州、县、镇三级党代表、人大代表、政协委员及公司领导对走马镇因病、因学、因灾致贫的贫困户进行爱心帮扶，已累计投入104.3万元，帮扶了23个贫困家庭。四是建设茶叶"全域有机"，壮大产业，推进茶旅融合发展。五是乘"一带一路"东风，拓宽市场，增加销路。2018年上半年，公司克服茶叶整体减产、市场变化大等困难，实现了销售收入5831.32万元，同比增长13.1%，其中茶叶出口821.09吨，创汇344.82万美元，同比

增长 69%。

　　建立了好的体系，必然会取得丰硕的成果。1458 户贫困户、5313 人在鑫农公司创建的"161 +"产业扶贫模式的帮扶带动下，已逐步摆脱贫困；领办的 8 家专业合作社、帮扶的 33 家茶叶加工厂、培养的 10 户大户也都成了带动贫困户脱贫的中坚力量，持续在产业扶贫上发挥着示范带动作用。鑫农公司自身通过精准扶贫，也延伸了茶叶产业链条，提升了企业整体形象，真正实现了"共赢"。下一步，公司将一如既往地带领广大茶农因茶而兴、因茶而富、因茶而美，为脱贫攻坚战、决胜全面小康做出贡献!

三　集团产业多元促进型——福娃集团

（一）集团简介

　　福娃集团（原湖北银欣集团有限公司）创建于 1993 年 6 月，公司以大米粗加工起步，依托江汉平原丰富的粮食资源，致力发展健康稻米精深加工、循环利用产业。目前，公司已形成稻米加工、食品加工、生态农业三大产业体系；拥有 5 家食品公司、3 家大米仓储加工公司、1 家饮品公司、1 家彩印包装公司，形成年生产优质大米 100 万吨、膨化米果 15 万吨、饼干 10 万吨、营养粥罐头 3 万吨、糕点 2 万吨、纯净水 20 万吨的生产能力；公司通过土地流转建设稻虾生态农业示范基地，面积达 3 万亩；粮食精深加工产业园占地 1500 亩，涵盖了粮食收购、仓储、精深加工、销售及相关配套产业；承储湖北省级成品粮动态储备 2. 25 万吨、县级战略储备粮 0. 7 万吨。集团公司现下属福娃食品有限公司、福娃饮品有限公司、福娃品牌营运有限公司、福娃武汉分公司和银欣米业公司十家精米厂，建有有机稻优质原料生产基地，形成了"公司 + 基地 + 农户"的农业产业化模式。集团已先后通过 ISO9001 国际质量体系认证、HAC-CP 认证、C 标志认证、ISO14000 认证，拥有 9 个绿色食品标志、3 个有机食品标志，并多次被评为"放心大米"。"福娃牌大米"有 6 个产品通过了绿色食品认证，2 个产品通过了有机食品认证，2007 年被评定为中国名牌产品，2008 年 5 月"福娃"商标被认定为中国驰名商标。福娃集团是国家财政部农产品深加工重点支持企业、中国优秀民营科技企业、中国大米加工十强企业、全国农产品加工示范企业、湖北省高新技术企业，连续三年被省政府评为"湖北省十强农产品加工企业"和"行业五强企业"。公司现有员工2700人，资产总额27亿元，2016年实现销售收入108.9亿元，利税0.9亿元。

（二）福娃模式

近些年来，福娃集团紧紧围绕稻米全产业链战略，坚持走产业化发展之路，做大第一产业、做强第二产业、做活第三产业，逐步形成多产业融合协调发展的"福娃模式"，为当地农村实现"产业强，生态美，农民富"的美丽中国梦做出了积极贡献，成为湖北"四化同步"发展的一面旗帜。到2016年福娃集团已流转土地3万亩发展稻虾共育，带动10万农民致富，每人每年有7万元稳定收入，同时辐射带动120万亩订单水稻。公司先后荣获"农业产业化国家重点龙头企业""全国节粮减损示范企业""全国放心粮油进农村进社区示范企业示范加工企业""全国大米加工50强企业""湖北省粮油加工十强企业"等荣誉。

2012年3月召开的仙洪实验区领导小组17次全会上要求"福娃模式"作为湖北省"四化"同步发展的典型案例进行推广。监利县是我国产粮大县，年产水稻26亿斤。福娃集团充分利用这一资源优势，大力发展食品加工业，迅速跻身于全省食品企业前列，在所在地区探索出了一种可资借鉴的模式。

1. "福娃模式"的内涵

"福娃模式"是以工带农、三产融合、就地进城、特色小镇。通过龙头企业的引领作用，促进了资本、技术、人才、信息、产业链条等向农村延伸，促进农业生产经营方式的创新，提高农业劳动生产率和经济效益，发展农村经济和促进农民增收，初步构建起城乡要素相互渗透与交融和城乡一体的经济社会发展框架；发展订单农业，进一步推动湖北省农产品加工业发展，加快"四化同步"步伐，着力推进转型升级，积极适应农业供给侧改革新要求，做强农业龙头企业、做大产业园区、做精产品品牌。着力推进农产品加工第一产业、第二产业和第三产业融合发展，创新融合机制，突出地域特色，打造优势产业，建立企业农产品加工厂，促进当地劳动力就业，发展特色小镇，助力城乡一体化发展。着力推进互联网与农产品加工深度融合，搭建电商平台，促进农产品和乡村旅游等电子商务新产业新业态发展。

2. "福娃模式"的特点

一是工农共生。福娃集团从大米加工起步,不断沿"微笑曲线"向上游和下游拓展,逐步形成了包括良种繁育、水稻种植、精深加工、销售物流的全产业链经营模式,促进了企业的可持续发展,增强了公司的核心竞争力。产业链前端抓基地,确保原料安全。稳定安全的原料是食品质量安全的重要保证。为了确保优质粮源,福娃集团按照"公司 + 基地 + 农户"的模式,大力发展订单农业,狠抓基地建设,建立了企业与农户之间利益共享、风险共担的新机制。

近 20 年来,福娃由最初的小作坊壮大成现代化农产品加工龙头企业,年加工转化粮食 16 亿斤,约占监利县年产粮食总量的 2/3;收购价比周边市场高出 10% 以上,监利县及周边地区水稻种植户仅此一项年增收超过 2 亿元;种粮效益的提高,调动了农民的种田积极性,促进了粮食的稳定增长,监利县粮食产量连续三年保持 8% 以上的增长速度。从 1997 年开始,为了建立稳定的原料基地,福娃集团开始探索订单农业模式。企业实行"六包制度"(包种子、包农药、包肥料、包技术指导、包赔减产损失、包收购),帮助农民解决卖粮难的问题,与农民之间建立互信关系,成功地找到现代农业发展的突破口。2003 年开始探索稻鸭共育模式,2012 年底实行稻虾共育。截至 2016 年,公司通过土地流转建基地,稻虾共育面积已达 3 万亩,年产值 1.5 亿元,亩平纯收入达 3000 元,辐射周边 13 个村近万农户。订单农业、土地流转,福娃给农民带来巨大的利益空间。

二是镇企共赢。以新沟镇为载体,福娃建成多个花园式工厂,企业成为新沟镇城镇建设的重要组成部分和亮点;以福娃为重心,新沟镇城镇建设快速发展,成为全省城镇规划建设重点镇、全省新农村建设试点镇、全省经济发达镇行政管理体制改革试点镇。

主要表现:镇企共建新城镇,镇企共建新社区,镇企共建新环境。(1)镇企共建新城镇。坚持城镇规划和产业规划相结合,新沟镇在编制城镇发展规划时充分考虑农产品加工产业布局,形成以产业园区为依托的城镇规划体系;配套升级基础设施,绿化美化主要街道,形成"一路一园区"的发展格局,既提升了工业园区的承载能力又拉开了城镇发展框架,实现统筹规划、共建共享目标。(2)镇企共建新社区。近年来,新沟镇采取与企业合作、合资方式联合建设城镇新社区，既改善了城镇居民人居环境，又解决了企业员工的住房困难。政府积极引导，企业协助合作，发挥新型社区的集聚效应，吸引全镇农民入住新社区，建设新社区。（3）镇企共建新环境。新沟镇在企业的支持下，以"治乱、畅通、亮化"为重点，大力实施"拆违"工程、"亮化"工程、"黑化"工程、"洁净"工程，使镇容镇貌有了极大改观。绿化厂区园区。新沟镇采取以奖代补等方式，引导和鼓励企业绿化厂区园区。

三是城乡共兴。福娃在发展壮大中所带来的人流、物流、信息流，为城镇化、农业现代化提供了强大动力，推动了新沟镇以及监利县的城乡一体化建设。"福娃"创办 20 年来不断探索工业化突破路径，努力实现工业化与信息化深度融合，并以工业化理念、信息化手段打造现代农业，助力农民增收致富，大力推进新沟镇城镇化进程，辐射带动监利全县"四化同步"发展。

3. "福娃模式"的发展战略

一是紧紧围绕市场需求，着力打造"米""虾"优势产业。福娃集团准确把握消费升级的时代脉搏，大力推行"稻田综合种养模式"，突出绿色生态，生产出的虾香米、小龙虾品质上乘，深受消费者的青睐。公司通过土地流转建基地，扩大稻虾共育面积。通过这种模式，真正实现了土地连片整理，可以充分实现农业的机械化和科技化，提高了土地利用效率。2016 年 10 月，由湖北省粮食局和省农业厅牵头成立的"湖北省优质稻产业联盟"成立大会在监利县召开，来自全省粮食系统、农业系统、省内国家级重点龙头企业和科研院所的各位代表现场参观了福娃集团 3 万亩稻虾共育生态农业基地，对福娃"左手米、右手虾"的稻田综合种养模式给予了充分肯定。

二是积极开发生态农业，努力实现"五型"发展。自 2013 年底开始，公司稳步推进土地流转，创新生态农业模式，着力推动"五型"发展。福娃集团与科研单位协助，做好养殖水质监测，建设"生态、优质、特色、高效"的种养殖基地，并综合利用秸秆，提高现代农业的可持续发展，实现生态友好型发展；福娃集团和华中农业大学、武汉轻工大学、中科院水生所、省农科院和长江大学等高校院所建立了产学研一体化战略合作关系，并得到湖北省水产技术推广总站挂牌支持，是典型科技支撑型农业发展模式;福娃集团稻虾生态农业基地,从稻田改造、排灌系统布局、水稻种植和小龙虾养殖技术规范制定等每一个环节,"十三五"期间,力争建成国家级稻田综合种养现代化、信息化管理示范基地。在生产加工过程中,严格控制产品质量,先后获得"中国名牌产品""中国驰名商标",市场占有率和产品知名度有了很大提高。福娃集团积极参与湖北"放心粮油"市场体系建设,支持打造"荆楚大地"公共品牌。为进一步发展稻田综合种养产业,公司又注册"福娃龙庆湖"商标,专营小龙虾活体销售,并成立了福娃龙庆湖生态农业公司和龙庆湖小龙虾交易中心,后期将基地的螃蟹、泥鳅、鳝鱼、藕带、莲藕等水产品及水生蔬菜都拿到这个平台上交易,进一步扩大在全国的影响,使福娃集团成了专业主导型、质量吸引型与品牌领军型农产品加工企业。

三是不断强化利益联结,促进多产业多方面融合共赢。福娃集团坚持以市场需求为导向,以完善利益联结机制为核心,以制度、技术、商业模式创新为动力,着力构建现代农业与第二、第三产业交叉融合的产业新格局。一鸟引百凤,在福娃的辐射和示范带动下,粮食加工配套企业向福娃所在的新沟镇集聚,已累计落户配套项目 10 个,投资额达 8.76 亿元,监利县农产品加工企业竞相发展。目前,全县农产品加工企业上规模企业达 103 家,就业人员达 15000 多人,年产值达 230.19 亿元,农业总产值与农产品加工产值之比达到 1∶2.56,已成为湖北省粮食深加工产业和农产品加工产业集聚区、优势区。福娃集团和监利县农产品加工产业集群的快速发展,通过产业链延伸和多元化战略拉动了监利县玻铝建材、商业零售、交通物流、餐饮住宿、医疗教育以及房地产等行业发展。初步估算,福娃集团每年可拉动监利县三产业产值达 3 亿多元。

打造稻米全产业链,促进农业增效、农民增收。福娃集团通过与乡镇签订粮食订单生产合同及有偿流转农户土地,已建设优质粮食生产基地 135 万亩,实行规模化、标准化生产。不断加大对生产基地的投入,努力改善农业基础设施和生产条件,三年来累计投入资金近 2 亿元,提高粮食生产能力 3 亿多斤。大力种植优质稻,优质优价收购,带动监利及周边农户年均增收约 1.4 亿元。在逐步提高农户流转土地租金的同时,按每年 20 元/亩的标准,给予粮食生产基地所在地村级组织协调费,每村每年获得资金 6 万元以上，对壮大村级集体经济，减少一事一议款项，具有重要的现实意义。

做强粮食精深加工项目，助推新型城镇化建设发展。福娃集团积极推进精深加工产业升级，努力把稻米加工微利产业做成了利润丰厚、产业延伸、前景广阔的大产业。为实现这一目标，公司投资 10 亿元先后新建了食品三厂、四厂、五厂、六厂和黑龙江省虎林（福娃）产业园。2016 年，福娃集团共加工转化粮食 181 万吨，生产大米 99.9 万吨、糙米系列食品和饮料 26 万吨。通过不断强化项目建设，不仅推动了城镇配套功能的完善和周边环境的改善，而且安置农村剩余劳动力和下岗工人近 3000 人，很大程度缓解了地方就业压力，维护了稳定和谐的社会秩序，同时也带动了房地产、建材、餐饮、娱乐等第三产业的发展。

打造提升网络平台，大力发展信息服务业。福娃集团以 IT 网络为平台，向农业物联网领域延伸，在稻虾共育生态农业基地建立了农业物联网系统。通过实时监控系统、虫情预报系统、气象预报系统、环境监测系统的作业流程采集信息、分析处理，建立了一套科学、可控、程序化的数据库，指导基地周边农户科学种养，增加收入。利用现有稻米精深加工产品销售网络和平台，扩大水产品系列加工品和休闲风味食品的销售。通过福娃电子商务平台，实现福娃优质精品大米、糙米系列食品的线上线下的融合发展。2016 年电子商务销售额突破 3000 万元。

四是积极参与精准扶贫，尽力承担社会责任。福娃集团优先安排贫困户到工厂、基地务工；与县扶贫办合作，免费提供厂房屋顶，实施光伏发电项目，让周边 11 个村每村每年从项目中得到 5 万元的回报。对于集体经济薄弱的村，在修路、建设党员群众活动服务中心等方面，公司无偿资助 5 万—10 万元不等的资金，把精准扶贫工作落到实处。

四　村企互动发展型——彭墩村

（一）基本含义

村企互动是指农业龙头企业与其所在村或基地所在村之间，建立有组织、经常性、紧密型的利益共同体。有利于充分发挥龙头企业的综合带动效应，促进信息、技术、管理、资金、劳动力、土地等生产要素优化配置，实现"以企带村、以村促企、村企共赢"的目的。简而言之，就是充分发挥企业和农村的积极性,利用双方优势资源,实现互动双赢、共同发展。

(二)"村企互动"发展模式

在我国,现代农业的发展受多种因素的制约,经营规模细小、农业资源短缺,单纯依赖政府的扶持显然是有限的,因此,在现代农业发展中引入更多的投资者,促进农业资源的集聚和农业规模化经营,实现传统农业向现代农业的发展,将成为我国农业发展的必然趋势。其中,"村企互动"的成功实践就是推进新农村建设的一个有益探索。在实践中,"村企互动"大体有以下几种模式。

1. "村企一体"型

在山东东部发达地区,有的乡镇企业已发展成为规模较大的企业集团。这些集团多数由村集体经济演化而来,企业领导人同时也兼任村党政组织负责人。由于农业在这些村已不是主导产业,村民大部分已成为企业员工,农民的身份也发生了改变。虽然在社区行政管理上还有"村"的名字存在,但实际上已形成了村企一体化,并实现了农村工业化和城市化。这是新农村建设较成熟的形态,在全省已有几十个乃至上百个典型。

2. 兼并联合型

在农村工业化水平比较高的地区,部分规模较大的企业出于扩张和整合资源的需要,通过兼并联合等形式,与周边村庄达成协议,在吸纳农村劳动力到企业工作的同时,对村庄整体兼并,整体改造,实施新村工程,实现了村企互动,村企双赢。

3. 股份合作型

农民以土地等生产资料作价入股,使土地成为资本,与企业联合,从而实现村企互动,推进新农村建设。

4. 产业化带动型

许多龙头企业为稳定自己的原料基地,与村庄形成了较为紧密的协作关系。

(三)彭墩村"村企互动"发展

1. 彭墩村基本情况

湖北省钟祥市石牌镇彭墩村(距荆门市城区中心 15 公里),国土面积 10.5 平方公里，全村共有 9 个村民小组，320 户、1159 人，耕地 9511 亩，林地 377 亩，水面 2700 亩。自 2003 年起，彭墩村与湖北青龙湖农业发展有限公司实行村企结对、产业联姻，走村企共建共赢共同发展之路，以种植蔬菜、水稻和养殖肉鸭、蛋鸡、水产以及发展乡村旅游为主导产业，着力打造现代休闲农业，建设宜居村庄，极大地推动了彭墩经济快速发展，使农民生活有了极大的改善，幸福指数大幅提高，全村年人均纯收入由 2005 年的 2500 元增长至 2011 年的 12000 元。彭墩村先后获得湖北省 "文明村" "新农村建设示范村" "全国先进基层党组织" "全国休闲农业与乡村旅游示范点" "全国生态文化村" 等称号。2011 年 3 月，中国潇湘电影制片厂以彭墩为背景，拍摄了故事片《桃花红、梨花白》，主要反映了彭墩新农村建设的辉煌成果，在全国播放后，收到了很好的宣传效果。同年，彭墩被评定为国家 AAA 级旅游景区。2017 年 12 月，彭墩村获评 2017 名村影响力排行榜第 216 位。

2. 彭墩村的主要做法

村企联姻，造就新农村建设新模式。2003 年初，荆门市荆富商贸有限公司董事长、总经理张德华因为扩大餐饮业务、实现产业转型的需要，准备建立自己的农副产品生产基地。一方面使公司在激烈的市场竞争中享有原料品质优势、价格优势和供应优势，保持餐饮业中的 "龙头老大" 地位；另一方面，通过涉足农业，打造农产品生产、加工、销售产业链，推动公司进一步做大做强。他首先想到了自己的家乡，抱着试试看的心理回到石牌、回到彭墩，找到镇村两级领导，开门见山地提出：租赁彭墩村部分闲置土地，建设荆富公司农产品生产基地。作为回报，公司出资修建村级公路，逐步改善基础设施，吸纳富余劳动力就地就业，引导群众科技致富。这是一条前人从来没有走过的路。现行的农村政策和制度对城市资源下乡的规定尚不明确，有的规定还有限制，甚至还有抵触，但镇村领导认为，借助城市资金、技术、人才资源建设新农村，是一条捷径，应该积极探索和大力支持。就这样，荆富商贸公司建设彭墩农产品基地的第一个协议达成了。之后，彭墩村逐步形成了 "公司 + 基地 + 产业化农民" 的经营模式。其间的主要措施包括：

（1）建立高产农业示范园，开启大规模的现代农业产业建设。荆富商贸有限公司与华中农业大学合作，组建了华科农业园，配套建立了 300

亩高密度财鱼养殖基地、5 万亩蛋鸡养殖基地、2000 头商品猪基地、3 万只种鸭基地、500 亩高效蔬菜基地和 1000 亩优质瓜果基地。2004 年,园区试验种植"黑美人"西瓜获得成功。随后几年,园区无公害、高品位、反季节蔬菜,优质水稻,优质生猪,优质肉鸭,相继试种试养成功,并很快形成生产能力。创办现代化养殖场,张德华建设了年繁育鸭苗 2000 万只的种鸭场、孵化厂和饲料厂,2 个 50 万只的肉鸭养殖小区。高薪从省外聘请了 2 名养殖专家,专门从事养鸭科研和生产。如今,他正在计划投资 8500 万元兴建屠宰分割厂、羽毛处理厂、肉制品加工厂、食品冷冻厂,完善农业产业化经营链条,把种养基地办成农民科技致富的示范基地。2005 年,张德华以彭墩农产品生产基地为依托,整合荆富商贸公司资源,创建了市级农业产业化龙头企业——湖北青龙湖农业发展有限公司,为农民提供产前、产中、产后服务。村民一边在公司打工,一边学技术,学成后回家自主创业。6 年间,在公司就业的农村劳动力达 100 多人。在公司的带动下,彭墩村的经济结构由过去单一的粮食生产向优质稻、无公害瓜果蔬菜、畜禽水产养殖、劳务经济等特色产业转变,形成全村 1/3 农民种田、1/3 从事畜禽水产养殖、1/3 务工的新格局。

(2)迁户腾地,开辟土地集约经营新途径。青龙湖公司现代农业的兴起,让农民看到了致富的希望。然而,在农户中推广现代农业,必须改变一家一户分散的种养结构,实行集约化经营。彭墩村有宅基地 2600 亩,人均宅基地面积 2.25 亩,户均 8.2 亩,小的宅基地有 8 亩,大院大宅的有近 20 亩,是典型的"小户大宅"丘陵模式,宅基地利用的集约化程度很低,土地资源浪费严重。村"两委"一班人大胆地设想:如果全村农民分组集中居住,既可改善居住条件,又可新增耕地面积 2500 亩。2007 年,一场声势浩大的迁户腾地工程在彭墩村拉开了序幕。迁户腾地,直接涉及村民利益,张德华和他领导的一班人在决策上既民主,又慎重;在操作上,既有情,又细致。通过民主定点、科学规划、公司反哺等方式完成了迁户腾地,实现了土地集约利用,并改善了村民的居住环境。

(3)支持村庄社会公共事业建设,文明共建新村新貌。青龙湖公司无偿资助修建了现代化的农民礼堂,建成了集办公、会务、图书阅览、娱乐健身等多功能于一体的农民活动中心,办起了万册农家书屋,配备了一些体育设施,村民能够像城市居民一样健身休闲。青龙湖公司的职工和彭墩村村民联合成立了健身队、高跷队、腰鼓队等民间文艺小团体，逢年过节举办的各种文体活动，吸引了广大村民踊跃参与和观看，成为沟通民情、鼓舞民气的桥梁和纽带。彭墩村深入开展"科技示范户""文体中心户""清洁庭院""美化家园"等活动，引导村民从点滴做起，破除陈规陋习，自觉讲文明、树新风。科学发展，以人为本，离不开保护环境、改善民生。青龙湖公司投资45万元，建成日供水2000吨的水塔，并将管网铺设到农家院内；投资200万元，建成48公里村组水泥路，彻底解决了"行路难"问题；改建和完善了村医疗服务站，配备具有一定医术的乡村医生，做到了"农民小病不出村，有病及时送医上门"，此举受到了省卫生厅的表彰；投资8万元建设老年公寓，修建了村级老年人活动中心；为了解决困难群众的生活问题，他们按照每户每年1000元的标准帮助40户贫困村民，每年春节，村里都要送上10斤鱼、10斤肉、10斤鸡蛋、10斤油。

五　农业合作社推动型——华丰专业合作社

（一）基本含义

新时期农业合作社是指农民专业合作社，它是在农村家庭承包经营基础上，同类农产品的生产经营者或者同类农业生产经营服务的提供者、利用者，自愿联合、民主管理的互助性经济组织。农民专业合作社以其成员为主要服务对象，提供农业生产资料的购买，农产品的销售、加工、运输、贮藏以及与农业生产经营有关的技术、信息等服务。农民专业合作社在农村流通领域撮合成交或直接组织农产品交易，迎合了农业、农村和农民（三农）的发展需求，在厂商和农民，城市和农村之间筑起金色的经济桥梁。它是农村经济发展的必然产物，也是推动农民走向市场经济的重要力量。

（二）华丰专业合作社

1. 华丰专业合作社简介

天门市华丰农业专业合作社位于石家河文化发祥地石河镇，是一家通过大面积土地流转，从事水稻规模化种植，全程机械化生产的农民专业合作社。合作社注册于2009年，现有社员268人，农机装备总量460台（套），固定资产总额1.2亿元，作业项目涵盖机械耕整、育秧插秧、植保收获、烘干仓储及农田水利建设等十余类。2013 年，合作社流转种植大宗农作物面积 6.5 万亩，机械作业面积达 80 万亩（次），生产的水稻、小麦、油菜总产量超过 1 亿斤，经营性收入 3000 余万元，社员人均纯收入达到 8.5 万元，截至 2014 年，合作社固定资产已达到 1.2 亿余元。合作社先后被授予"全国农机专业合作社示范社""湖北省'五强'农民专业合作社"和"全国农民专业合作社示范社"等荣誉称号。其"农民组织化，种植规模化，管理企业化，经营市场化，分配合作化"运行方式被省委、省政府肯定为"华丰模式"，写入 2013 年省委"一号文件"，在全省推广。

2. 华丰专业合作社的主要做法

自成立以来，华丰合作社坚持以科学化理念发展农业、以工业化理念谋划农业、以商业化理念经营农业、以务实化理念夯实农业。用"四化"来发展，实施"四步走"战略，致力"四区一园"同创，争当现代农业先行者，打造全省乃至全国一流现代农业产业园。其主要的措施包括：

（1）土地高价流转，最大利益流转给农民。合作社从 2006 年起步，从事机械作业服务；2007 年开始流转土地，当年流转 2080 亩，每亩价 200 元；2008 年流转 8300 亩，每亩价 250 元；2009 年流转 1.2 万亩，每亩价 380 元；2010 年流转 2.3 万多亩，每亩价 460 元；2011 年流转 3 万亩，每亩价 600 斤稻谷；2012 年流转 4.4 万亩，每亩价 800 斤稻谷；2013 年流转 6.5 万亩，还是 800 斤稻谷价。这个价是每年 10 月 25 日那天的中稻市场价，2011 年是每市斤 1.35 元，2012 年是 1.4 元，折算为每亩田 1120 元。通过土地高价流转，农民获得了丰厚的收益，但这也只是土地流转的一方面，更主要的还在于根据农村"有田无力种"和"有力无田种"的状况，探索了三种流转方式供农民选择。一是长期流转。合作社与整组整村流转土地的农户签订 10 年以上合同，每年每亩支付流转费以当年 10 月 25 日 800 斤中稻市场折价，如市场价格高于国家保护价，以市场价为准；市场价格低于国家保护价，以国家保护价为准，所有风险由合作社承担。流转村组的机耕道，最后 500 米的排水和灌溉，水沟、渠、塘堰的清理，土地的平整都由合作社负责，彻底改变田小埂多、田块分散的状态，达到机械化作业的要求。二是合作种植。与种田大户签订合作种植合同，种田大户提供土地及所有生产资料的成本，合作社提供全程的农田作业机械、技术、田管劳务。对产量达到900斤后，种田大户向合作社支付机械作业费、技术费、田管劳务费每亩280元；亩产超过900斤部分，按六四比例分成，种田大户得六成，合作社得四成，风险共担。三是季节性流转。合作社支付农户每亩流转费100元，每年秋播时种植一季小麦或油菜，于次年6月中旬将土地耕整后交还农户种中稻，挖掘"冬闲田"潜力，做到"人懒田不懒"。2014年，合作社发展进一步提速，完成两万亩国土整治项目，加快粮食大宗作物规模化、机械化种植的步伐；流转土地面积达到8.1万亩，全年机械作业面积达到80万亩次，种植生产的水稻、小麦、油菜总产量超过1.8亿余斤，产值可达3亿元。

（2）科学种田，提高土地产出率。走现代农业发展之路，华丰抓住了三大基础要素，即高素质的人、高标准的田、高效益的机械。①人的高素质靠培训。合作社把培养高素质的现代农民当作一项主要职能和责任，明确要求每个社员都要成为"两手"和"两师"："两手"是起点层次，即成为农机手和种田能手，会开车和会种田；"两师"是中间层面，即成为农机师和农艺师，均有严格考核标准。最高境界还不在这，合作社致力培育创业人才和农民企业家，这才是人才培育终极目标。合作社每年制订培养计划，每月都有培训课，每项重大农事都有培训指导，课堂培训和现场培训相结合，课堂培训要考试，现场培训看操作。②田的高标准要整理。立足自力更生，争取项目支持，加强农田基本建设，重点是小型水利建设。流转一块，整理一块，确保土地平整、成方成块；道路通车、能进能出；沟渠连通、能排能灌；好种好管、旱涝保收。在上级的大力支持下，华丰合作社承担了两万亩的土地整理项目，这又是全省第一家由农民专业合作社吃下的"螃蟹"。眼下正是秋收时节，合作社即将掀起土地整理的高潮，2013年投资3000多万元，累计投资过亿元。③生产机械化。合作社最早立足于农机作业，这些年农机服务一直都是重头戏也是重要收入来源，眼下正是中稻收割黄金期，合作社大小机械大展雄风，每天收割2000亩以上。有个问题也一直没有解决，这是全省乃至全国农机的共性问题，就是水稻机插育秧成本大，技术要求高。合作社勇于担当，在省市两级的支持下，投资近500万元建成了占地面积

4200 平方米的育秧工厂，一天可催谷种 3000 公斤，除了满足合作社机械化作业外，还可为周边农民提供秧苗服务。有此突破，华丰合作社最先实行了水稻全程机械化作业。目前华丰又配备大型烘干机和完成大粮仓建设，总投资 5000 多万元，占地 60 多亩，日烘干能力达到 1200 吨，仓储容量 1 亿斤。

（3）建立现代化合作社管理制度。华丰合作社所采用的是企业型管理、市场化经营、合作社分配模式，他们的目标是要建立现代化合作社管理制度，宗旨是给社员以最大权益。①合作社实行民主决策。整个决策和指挥机构为"2 会、4 部、12 作业组"。由成员大会选举产生理事会、监事会。理事会负责合作社的日常工作，下设生产部、财务部、科技部、综合部。生产部分为 12 个生产作业小组，负责生产作业服务；财务部负责财务、合同档案管理和收入分配服务；科技部负责技术培训、新技术推广和机械维修服务；综合部负责合作社人事、福利及其他服务性工作。监事会负责对理事会的日常监督、民主评议，提请召开社员大会等工作。②合作社生产经营实行"五个统一"。统一决策：对投资方向、生产经营范围、利润分配方案等重大事项，由理事会提出议案，交由成员大会表决；统一生产：由合作社统一确定土地种植模式和品种，制定作业质量和产量标准；统一调度：合作社对机手、劳务、车辆、机械统一调度，确保机械整修、人员轮训不误农时；统一价格：合作社购销生产资料，以及对外收取机械作业费用采取团购的模式统一确定；统一核算：合作社所有收支财务统一管理核算。③合作社公开分配，阳光操作。采取的是"工资＋股份收入＋机械作业返还"的分配制度。2014 年全社快速发展，全年经营性收入达到 4800 余万元，社员人均收入超过 8.5 万元。

（4）支持村庄社会公共事业建设。在打造产、学、研一体的高效农业发展平台、同步搞好社会化服务、建设社村一体新型农村社区的同时，对留守儿童、空巢老人做好爱心、孝老的新型社会化服务，使华丰农业专业合作社成为雄视荆楚、逐鹿全国的现代化农业专业合作社。

参考文献

王雅鹏：《现代农业经济学》，中国农业出版社 2008 年版。

蔡鸿毅、王国刚、刘合光：《推进农林牧渔结合发展重在找准利益结合
点——以湖北省为例》，《农业展望》2017 年第 6 期。

查学军、罗亚军、盛敏：《湖北省农业科研高层次人才队伍建设问题研
究》，《科技创业月刊》2016 年第 19 期。

傅晨：《改革开放 30 年广东农业发展的主要成就、经验和问题》，《广东
农业科学》2009 年第 8 期。

韩艳旗、高鹏：《基于互联网＋的湖北现代农业发展研究》，《物流工程与
管理》2017 年第 2 期。

胡起生、冯久林、陈婕：《关于湖北省农业地质发展与土壤污染防治工作
相结合的思考》，《资源环境与工程》2016 年第 6 期。

简新华、叶林：《改革开放以来中国产业结构演进和优化的实证分析》，
《当代财经》2011 年第 1 期。

金兴、高瑛：《江苏省区域农业产业结构实证分析》，《南京社会科学》
2014 年第 7 期。

梁宇：《新型农业经营主体发展现状及政策建议——以湖北省为例》，《农
村经济与科技》2015 年第 2 期。

刘长华：《适应新常态明确新思路进一步提升湖北农业机械化发展水平》，
《湖北农机化》2015 年第 12 期。

刘清之、方田根：《物理农业在农业生产中的广泛应用》，《吉林农业》
2017 年第 3 期。

马边防、郭翔宇：《基于现代大农业维度的制度创新》，《发展论坛》2012
年第 2 期。

倪国华、郑风田：《粮食安全背景下的生态安全与食品安全》，《中国农村
　观察》2012 年第 4 期。

覃龙华、王会肖：《生态农业原理与典型模式》，《安徽农业科学》2006
　年第 3 期。

谭俊文：《湖北省构建新型农业经营主体现状分析》，《合作经济与科技》
　2014 年第 8 期。

汪成、高红贵：《粮食安全背景下农业生态安全与绿色发展——以湖北省
　为例》，《生态经济》2017 年第 4 期。

王玲、郑贞：《湖北省的农业发展及其环境代价（1949—2010）》，《古今
　农业》2016 年第 4 期。

吴银宝、汪植三：《中国的生态农业建设》，《家畜生态》2002 年第
　33 期。

熊秋芳、文静、沈金雄：《依托科技创新推进中国油菜产业发展》，《农业
　经济问题》2013 年第 1 期。

赵频、田家华：《湖北省农村富余劳动力转移思考》，《理论月刊》2005
　年第 4 期。

周天：《湖北省新型农业经营主体发展现状及对策》，《湖北农业科学》
　2014 年第 8 期。

杨婧：《我国农业产业结构变化及其影响因素分析》，硕士学位论文，浙
　江大学，2013 年。

张孟林：《黑龙江省农业产业结构优化研究》，博士学位论文，东北财经
　大学，2006 年。

《省环保厅关于印发〈2016 年全省环境监测工作要点〉和〈2016 年湖北
　省环境监测方案〉的通知》，2016 年 5 月 3 日，湖北省环境保护厅
　（http：//hbt. hubei. gov. cn：8080/pub/root8/hbtwj/201605/t20160517_
　85265. html）。

《湖北大力推进农村普惠金融全面促进农村经济发展》，2016 年 1 月 8 日，
　湖北省人民政府网（http：//www. hubei. gov. cn/）。

后　记

　　2018 年，是改革开放 40 年，是实施乡村振兴战略肇始之年。乡村振兴战略是党的十九大做出的重大决策部署，是决胜全面建成小康社会、全面建设社会主义现代化国家的重大历史任务，是新时代"三农"工作的总抓手。实现乡村振兴，产业兴旺是关键，而农村产业的基础在农业。因此，本书对湖北省农业的发展历程、伟大成就进行梳理，对湖北省农业的发展机制进行深入探讨，对湖北省未来现代农业发展之路进行前瞻性探索，这对于湖北省坚持农业供给侧改革、实施乡村振兴战略与发展现代农业具有重大的理论意义与现实意义。

　　全书共分 8 章，按照历程回顾—发展成就—内在增长机制—经验总结—国内外借鉴—未来展望的框架展开研究。第一章，湖北省农业发展历程回顾。主要根据农业政策的变化节点对湖北农业进行阶段性划分，并从农业总产值、农业产量、农业政策变化对各个阶段进行描述与总结。第二章，湖北省农业发展成就。从农业生产、社会化服务体系、农产品加工、农业市场调控四个方面对湖北省农业发展成就进行归纳与总结。第三、四、五、六章转向湖北省农业的内在增长机制研究。分别从要素投入（包括劳动力、土地、资本）、技术进步、政策、产业结构四个方面研究其对湖北省农业发展的贡献，并提出相应的政策建议。第七章，湖北省农业发展面临的挑战。主要从国际竞争、国内竞争、自身资源约束阐述湖北省农业发展面临的挑战，是未来湖北省从传统农业转向现代农业发展的基础与依据。第八章，湖北省未来农业发展之路——现代农业。主要阐述现代农业的内涵、趋势与类型、湖北省发展现代农业的历史机遇与现实基础、湖北省现代农业发展的国外经验与国内案例。

　　本书运用社会学、经济学和管理学等多学科理论，综合研究湖北省改革开放 40 年来的农业发展，规范分析与实证分析相结合，力求方法科学、内容丰富、贴合实际，力求深层次揭示问题，力求对策建议具有可操作性。限于时间与水平，不足之处在所难免，敬请读者批评指正。

本书由冯中朝、马文杰、陈红丽、尹浦杰、李刚、李俊鹏等共同完成，具体写作分工如下：冯中朝负责全书的策划并撰写第一章，马文杰负责部分策划及全书的统稿工作并撰写第四、五、八三章，李俊鹏撰写第二章，陈红丽撰写第三章，李刚撰写第六章，尹浦杰撰写第七章。两位评审专家湖北省农业厅徐能海研究员、中南财经政法大学张光宏教授对全书提出了许多建设性意见，国家油菜产业技术体系产业经济系室的研究团队做了大量的资料收集与整理工作，在此表示衷心的感谢。